ÉCRITS FÉMINISTES

ÉCRITS FÉMINISTES

de Christine de Pizan à Simone de Beauvoir

Anthologie réunie et présentée par Nicole Pellegrin

Champs classiques

ISBN : 978-2-0812-3164-1

INTRODUCTION

Le féminisme est pensée et action. Dans ce domaine la France combine paradoxalement des avancées théoriques, fortes et anciennes, et une mise en pratique, dans les lois comme dans les esprits, tardive, réticente et mal assurée.

La Turquie a donné le droit de vote aux femmes près de quinze ans avant la « patrie des droits de l'homme », droits décidément « unisexuels » et non universels. Beaucoup, y compris aujourd'hui parmi les législateurs, ont fini récemment par se convertir à une politique de quotas pour promouvoir la participation des femmes à la vie politique, économique et sociale, ce qui est reconnaître l'état d'arriération de notre pays en la matière. Le fait qu'il n'existe pas, à ce jour, d'anthologie accessible de textes français traitant des inégalités hommes/femmes n'est-il pas en soi une preuve supplémentaire de ce retard ? Une donnée finalement pas si étonnante dans un pays qui veut bien commencer à inclure les femmes dans l'enseignement de son histoire, mais n'a pas encore accepté, au nom de l'universalisme et du *national*, les ruptures théoriques qu'impliquent les rapports de genre, c'est-à-dire les relations socialement construites par lesquelles se vivent et se redéfinissent sans cesse le féminin et le masculin. Le dernier avatar de cette résistance met en avant l'« exception culturelle » française : *chez nous*, la convivialité intersexuelle rendrait inutiles les excès – « américains » – du « politiquement correct », que l'histoire même de la douce France nous aurait épargnés. On veut faire entendre ici les voix qui troublent et ont troublé ce discours chauvin et lénifiant. Proposer donc une anthologie, ce qui exige d'en expliquer le sens.

Toute anthologie, surtout quand elle est pionnière, mérite en effet justification. Il s'agit, on le sait, d'un ouvrage composé de textes ou d'extraits de textes que l'on pense pouvoir ranger dans une même catégorie et qui doit rendre possible une nouvelle interprétation des écrits ainsi recontextualisés. Le recueil que nous proposons rassemble des paroles en leur temps inouïes, inaudibles donc, et depuis trop souvent occultées ; des paroles qu'il faut historiciser tout en les époussetant. Travail de ménagère, dira-t-on. Travail d'historienne aussi, tant les transformations – ô combien récentes ! – de la situation de la plupart des Françaises semblent rendre archaïques certaines formes anciennes des luttes féministes. Travail plus encore de citoyenne attachée à l'archivage du passé quand celui-ci peut aider à rendre autre un présent encore inégalitaire.

Féministes, vous avez dit féministes ?

L'origine du mot « féminisme » reste énigmatique même si, et semble-t-il à tort, on a longtemps attribué la paternité de ce terme à l'utopiste Charles Fourier. À l'aube du XXIe siècle, le langage courant lui conserve son sens péjoratif originel (années 1870) mais l'accole à des personnalités féminines plutôt qu'à un type masculin, celui du « femmelin » dévirilisé, qu'évoquaient Alexandre Dumas fils et la littérature fin-de-siècle. Le dictionnaire *Littré* l'ignore d'ailleurs lors de sa publication, en 1863, et c'est la militante du droit de vote Hubertine Auclert qui en inaugure définitivement l'usage, dans une lettre au préfet de la Seine parue dans *Le Vote des femmes* en 1882. Évoquant la création d'un « comité féministe », elle décrit à cette occasion son engagement et sa volonté de faire attribuer, en priorité, aux femmes leurs droits politiques avant même des droits civils qui, à ses yeux, devraient découler des premiers (son combat est celui, encore controversé, des « suffragistes »). Honorable et toujours revendiquée par les militantes, l'épithète « féministe » se charge très vite d'ambivalences variées comme le montre son emploi dès la fin du XIXe siècle. Quand elle brigue sa réadmission à la Société des gens de lettres en 1898, l'ex-républicaine féministe Juliette Adam, devenue salonnière en vogue, est ainsi évoquée par son rapporteur : une « femme douée de qualités toutes viriles [...], [elle] a fait du vrai féminisme, honnête et sans chimères ». Les soupçons que fait naître la notion de « féminisme » – et les néologismes qui en découlent – sont patents ici et autorisent des distinctions entre un « vrai » féminisme (paisible, silencieux, gracieux, utile ?) et un autre, mal entendu, dénaturé, agressif, « anti-hommes », etc.

Aujourd'hui, lié à la fois à des revendications politiques et à des formes de « libération sexuelle » (une notion à orientation variable dans l'imaginaire français, militantes comprises), le terme « féministe » reste encore injurieux pour nombre de nos contemporains, et même chez des universitaires estimés. Les dictionnaires les plus récents (*Larousse*, *Robert*) parlent d'ailleurs, pour définir le féminisme, de « doctrine qui préconise l'extension des droits, du rôle de la femme dans la société ». Une triste façon de dire les rigidités supposées d'un projet quasi sectaire où l'intolérance antimasculiniste le disputerait à l'animosité et à l'agressivité. Il faut en rire, mais ne pas manquer d'y réfléchir tant cet antiféminisme est commun, tenace et irrationnel.

Malgré une adoption tardive et lourde de malentendus, malgré l'impossibilité d'en fournir une définition précise et figée, le vocable n'en reste pas moins valide pour désigner des combats d'ordre politique, socio-économique et/ou culturel, qui, s'ils ne passent pas nécessairement par la revendication de la totalité des droits politiques, ont inscrit dès le départ dans leurs programmes la dénonciation et l'éradication des formes les plus variées de l'inégalité entre les hommes et les femmes. La plus flagrante et la plus fondamentale est l'absence d'accès légitime à l'éducation dans un système qui infériorise les femmes culturellement mais fait de cette inculture même un trait de nature et une... cause d'exclusion. C'est pourquoi Christine de Pizan et d'autres peuvent prendre place dans une tradition littéraire de type féministe, même si les idéaux que leurs textes véhiculent n'ont pas donné lieu – semble-t-il – à une prise de conscience collective. Chez l'auteure du *Livre de la Cité des dames*, publié vers 1405, ces idéaux se contentent (ce qui n'est pas peu) d'être mis en actes par l'écriture – celle d'écrits diversement allégoriques – et par une vie difficile de femme d'affaires avisée et vivant de sa plume, la première connue à ce jour. Ses « plaintes », tout comme le *Grief* de Marie de Gournay, ont évidemment un contenu fort différent des programmes de la Belle Époque glorifiés par le critique littéraire Émile Faguet (*Le Féminisme*, 1910). Contre l'avis de ses détracteurs, ce dernier estimait juste de lutter pour l'égalité de l'instruction et des salaires, pour l'accès des femmes aux professions libérales et aux droits politiques et civils, pour l'autorisation de la recherche de paternité et pour l'extension du divorce. Ce sont là des revendications devenues aujourd'hui fort heureusement caduques. Faguet les justifie d'ailleurs, comme d'autres avant lui, par l'excellence de quelques femmes de « génie » et – argument en son temps peu usité – par la « supériorité » du sexe féminin sur les hommes « dans le monde ouvrier et dans le monde rustique » transformés par l'industrialisation. On est loin et des considérations de Christine de Pizan et des sujets investis par le féminisme contemporain : la prostitution, le viol, les violences domestiques, l'adoption d'enfants par des couples homosexuels, le mariage de ceux-ci, l'avortement, la procréation artificielle, « le plafond de verre », la disparition ou le dépassement de la Différence, etc. Pourtant l'archivage de toutes ces revendications, des plus infimes aux plus amples, des plus anciennes aux plus nouvelles, est nécessaire pour permettre la constitution d'une mémoire féminine durablement mobilisable.

C'est d'abord *par la plume* que ce « féminisme » de longue durée a été défendu avec talent et vigueur. Mais il l'a été aussi, notamment depuis la Révolution française, au prix de combats collectifs qui engagèrent les corps autant que les esprits de groupes diversement stables, des combats qui passèrent par la création d'organisations, la rédaction de pétitions et de banderoles, la mise en place de tournées de conférences, la tenue d'assemblées et de banquets, par des manifestations de rue, des prises de risques de toutes sortes, etc. : toutes activités dans lesquelles les textes ici rassemblés trouvent parfois leur origine et dont tous portent la trace. Mais se profile alors un premier malentendu, celui qui ferait croire qu'il existe *un* « courant féministe », sans doute plein de bruit et de fureur, mais unifié, progressif et, pour tout dire, téléologique. Peut-être les historiens du syndicalisme ou des droits civiques peuvent-ils adopter un tel présupposé. Encore que… Pour ce qui est de la pensée féministe, en tout état de cause, ce serait là un travestissement inacceptable.

Ce que voudrait montrer ce recueil, c'est, au contraire, que les *textes* réunis dans cette anthologie sont d'abord le fruit de réflexions individuelles qui, pour être nourries de situations communes, furent destinées à des publics particuliers dans des *contextes* précis. Ces pages révèlent autant des conjonctures fluctuantes que des personnalités d'écrivain(e)s et de combattant(e)s exceptionnel(le)s, généralement conscient(e)s de leur singularité et de leur statut de « métis sociaux » (comme l'historienne Michelle Perrot le dit de George Sand, « ni aristocrate, ni bourgeoise »). Tandis que ne cessent d'évoluer idéologies, structures socioculturelles et pesanteurs économiques, se maintient une subordination d'ordre politique, économique et idéologique qui est affirmée comme intangible et « naturelle » : celle d'un sexe par l'autre. Contester cette subordination est un défi, lui-même variable dans sa forme et dans son impact.

Ces textes ne sont en aucun cas des constructions immuables, abstraites et valables de et pour tout temps (est-ce d'ailleurs pensable ?) ; il faut les déchiffrer comme des *actions*, inscrites dans les conflits de leur époque et tournées contre des adversaires particuliers. Des écrits, donc, nécessairement polémiques et politiques malgré l'affichage parfois trompeur d'allégeance à une souveraine (Anne d'Autriche ou Marie-Antoinette) ou aux tenants d'une école de pensée, finalement peu favorable aux femmes, le saint-simonisme par exemple. Des écrits aussi qui inter-réagissent entre eux et avec des publications venues d'ailleurs comme la *Vindication of the Rights of Women* de Mary Wollstonecraft (1792) ou *The Subjection of Women* de l'Anglais John Stuart Mill (1869). S'il n'y a pas de « courant féministe » unique, donc pas d'histoire possible *du* féminisme et peut-être même – question ô combien controversée ! – pas de possible « histoire des femmes » unifiée et isolée, les diverses interventions des femmes dans l'histoire n'en sont pas moins de mieux en mieux connues. L'histoire des féminismes français est largement faite, grâce aux travaux d'historiennes et de sociologues comme Christine Bard, Sylvie Chaperon, Geneviève Fraisse, Laurence Klejman, Marie-Victoire Louis, Michelle Perrot, Martine Reid, Michèle Riot-Sarcey, Florence Rochefort, Joan Scott, Bonnie Smith, Françoise Thébaud, Eleni Varikas, Éliane Viennot et bien d'autres. Les textes ici rassemblés ont tous leur place dans ces histoires. Ils les accompagnent sans se substituer à elles.

S'il fallait trouver un point commun à ces écrits, ce serait sans doute la *stupéfaction* qu'ils engendrent et que cette anthologie devrait nous faire partager. À ne regarder que l'ancienne France, celle qui irait de la fin du Moyen Âge jusqu'aux années 1970, la subordination – officielle sinon réelle – de « la moitié du ciel » fut longtemps si radicale qu'elle nous *méduse* encore. Il faut donc ne pas transformer en simples « curiosités » pathétiques les différentes formes d'asservissement contestées en vain pendant des siècles par les auteurs rassemblés ici : déni de la capacité à raisonner et donc à être éduquée, absence de reconnaissance juridique et civile, réduction de toutes les formes de liberté physique (en particulier procréatrice, mais aussi vestimentaire ou sportive), incompétence syndicale et politique, etc. C'est depuis peu que la levée de ces stigmatisations est devenue une cause légitime et que les « griefs des dames » ont été transformés, ici et là, en droits nécessaires et valables pour toutes, du haut en bas de l'échelle sociale.

Choisir ou l'effet-liste

Incomplète, cette anthologie l'est évidemment, mais cette incomplétude, pour être inévitable, est aussi porteuse d'une partialité qu'il ne faut pas taire. La faiseuse d'anthologie ne navigue pas sans repères. Son ciel est plein d'étoiles et de saintes déjà canonisées. Ses héro(ïne)s forment des constellations qui sont autant d'images préconstruites. Choix partial, donc, qui ne m'a fait retenir, à coup sûr, que des féministes lié(e)s aux formes les plus radicales de la contestation sociale. D'autres groupes cependant, en apparence peu engagés dans la vie politique car proches, par exemple, de certains mouvements catholiques hostiles à la République, ont eux aussi produit une littérature féministe qui est en voie de redécouverte. Sans oublier non plus la lutte des femmes pour accéder à leur pleine reconnaissance au sein même des religions. Il n'y a plus guère que les Églises catholique romaine et orthodoxe pour la refuser, malgré l'activisme de certaines militantes chrétiennes (La Collective des femmes), malgré aussi des exemples fort anciens que se plaît à rappeler au XVIIe siècle une Marie de Gournay. Cette partialité elle aussi peut faire renaître le danger que se construise l'illusion d'une unité *du* féminisme désormais conçu comme force d'appoint du progressisme. En privilégiant certains courants du féminisme aux dépens de quelques autres, il y a donc un risque certain de devenir soi-même célébrante d'une cosmogonie propre aux mouvements des années 1970 et nourrie de fantasmes divers. Notamment de celui-ci : l'existence de fallacieux paradigmes transhistoriques. Qui n'a pas rêvé des éternelles guerrières, amazones ou guérilleras ? Des mythiques mères nourricières, toutes identiques car porteuses d'utérus ? Des sorcières obscures et puissantes, preuves de la permanence de l'occulte féminin ? Des lesbiennes amoureuses, de Sapho à la poétesse Renée Vivien ? Pourtant l'éloignement dans le temps de certains écrits et leur appartenance à des modèles idéologiques révolus sont si marqués que sont menacés d'anachronisme tous les commentaires superficiels que l'on peut en faire. Les proximités fallacieuses que favorise une mise en page continue ne doivent pas induire des approximations interprétatives.

L'arbitraire de la liste entraîne donc un triple problème. D'abord celui d'un imaginaire fait de pionnières et donc de causalités impossibles à confirmer. Il faut dénoncer cette construction idéologique du « précurseur » en féminisme, comme Georges Canguilhem l'a fait dans le domaine des sciences : une époque ne se pose que les problèmes qu'elle peut penser et qu'elle pourrait résoudre. Ensuite celui des généalogies arbitraires que peut susciter une présentation chronologique où la succession des femmes offertes en modèles et la réitération des mêmes argumentaires ne doivent pas faire croire à des passages de relais automatiques. Jeanne d'Arc, canonisée par les femmes de lettres longtemps avant de l'être par l'Église, n'est pas comprise de la même manière par Pizan, Gournay, Deraismes et Auclert, même si toutes la célèbrent avec une égale ferveur – et il faudrait revenir sur les usages des femmes illustres dans les innombrables tentatives historiographiques des écrivains féministes. Enfin un troisième problème – et non des moindres – découle des deux précédents : le risque de contribuer soi-même à confirmer des « préjugés progressistes » (Eleni Varikas). Ceux-ci ne peuvent manquer de survenir à l'esprit des plus optimistes d'entre nous, surtout quand ils/elles sont né(e)s aux alentours de la Seconde Guerre mondiale et ont vécu les gains prodigieux qui ont marqué, pour les Françaises, les dernières décennies du XXe siècle : droit de vote, droit à la contraception et à l'avortement, parité, accès à tous les métiers, etc. La réalité et la banalisation de ces acquis – inscrits dans la loi et allant de soi pour les jeunes générations – peuvent faire croire à une marche victorieuse vers l'égalité, une marche qui serait continue et relèverait désormais du passé. Depuis « les années Beauvoir », pour reprendre l'expression de Sylvie Chaperon, et leurs pesanteurs machistes, que secouèrent enfin les mouvements féministes post-soixante-huitards, la ligne ne fut jamais droite, les plafonds de verre existent toujours et les lendemains peuvent ne plus chanter.

Le tronçonnage indispensable de certains textes accroît cette illusion d'optique mais, si ces « morceaux choisis » peuvent, par leur multiplicité, empêcher l'escamotage de pans entiers de la littérature féministe, ils doivent surtout permettre – du moins l'espère-t-on – de saisir des ruptures et de donner naissance à de nouvelles volontés de savoir. Seul le recours à des textes publiés *in extenso*, et pas seulement à des extraits, pourrait rendre justice aux effets d'écriture et à la qualité de langue de chacun des gens de lettres qui les ont produits. On voudrait plus encore susciter le désir d'autres lectures, celles de l'ensemble des œuvres d'un(e) même écrivain(e), celles de leurs épigones. Le biographique doit cesser d'être prioritaire et la révélation des amours de George Sand ou de Louise Michel (ici absentes) importe moins à connaître que leurs correspondances ou celle de leurs compagnons et compagnes : la journaliste quarante-huitarde Eugénie Niboyet ou la relieuse anarchiste Nathalie Lemel. On voudrait davantage encore faire naître une approche plus globale – plus anthropologique ? – des façons de dire et de faire des personnes et des groupes qui ont porté des projets féministes, que ceux-ci aient eu pour but de décrire, analyser, réduire, anéantir ou dépasser les antagonismes de sexe et/ou tout ou partie des inégalités qui les accompagnent.

Écrire, disent-elles

Trois remarques s'imposent car les enjeux d'une écriture au féminin, c'est-à-dire par et pour les femmes, sont considérables et la littérature fut toujours un instrument décisif de subversion des discours normatifs. Il ne s'agit pas de s'interroger sur des spécificités de genre (le sujet controversé de « l'écriture féminine ») mais de rappeler à la fois les impossibilités matérielles de son émergence comme pratique courante, les difficultés de la restitution publique des écrits produits et l'importance du recours à des modèles réels empruntés à l'histoire.

Savoir lire, puis savoir écrire (longtemps deux étapes successives et distinctes de l'apprentissage des « lettres »), impliquent qu'existe un enseignement librement ouvert aux filles : rares « petites écoles » souvent payantes tenues par des religieuses ou des dévotes sous l'Ancien Régime et une partie du XIXe siècle, instruction publique (ou « privée ») après la Troisième République. Faute d'une scolarisation identique à celle des garçons (pas de latin, pas d'accès à l'université) et malgré l'accession de certaines à des savoirs avancés au sein de la famille (auprès d'une mère lettrée, d'une gouvernante ou du précepteur des frères), le maniement de la plume fut longtemps un privilège d'exception et une revendication majeure. Être instruite, ce leitmotiv des premiers écrits féministes et de leurs variantes tardives (il s'agit alors d'obtenir une instruction parfaitement identique à celle des garçons et, si possible, non sexiste) est proprement fondamental : il *fonde* la possibilité d'un affranchissement des femmes, en leur donnant accès à la pensée de l'universel, en leur permettant de s'exprimer dans la permanence (et non dans la brièveté de l'échange salonnier ou de la conversation courante), en fournissant à certaines un gagne-pain autorisé.

Savoir se faire entendre de façon durable, voire être lue, cela est une condition indispensable à l'émergence d'une pensée féministe quelle qu'elle soit. Un gros travail d'enquête reste à faire sur le problème de la diffusion-réception d'écrits difficiles à rendre publics du fait de leur caractère subversif : qui les édite et les fait connaître ? à quel prix (financier et mental) et comment ? sur quels supports littéraires (essais, romans, récits de voyage et autres médias) ? Aux publications à compte d'auteur (une pratique fréquente et de longue durée) s'ajoutent les éditions commerciales classiques avant l'émergence de maisons spécialisées, généralement associatives et militantes. Mais il est tout aussi essentiel d'appréhender le recours à des formes d'imprimés moins connus que le livre. Pamphlets et affiches placardés sur les murs ou distribués à la main (Olympe de Gouges), articles de presse, courriers des lectrices et autres supports (songeons aux cartes postales et timbres édités par les suffragettes) ont permis des diffusions massives dont l'impact est difficile à mesurer. On ignore souvent les tirages de ces différents médias et aucun compte-rendu critique ne les mentionne comme messagers d'idées émancipatrices.

Que dire enfin de ce moyen de diffusion, insaisissable mais crucial, qu'est la *parole* pour les « propagandistes » du féminisme ? Nelly Roussel fonde en 1920 une école pour les former, sous le patronage du journal *La Voix des femmes* et Maria Deraismes pouvait affirmer : « La parole parlée est supérieure à la parole écrite. » C'est en effet une arme puissante aux mains de conférencières émérites comme Flora Tristan, Louise Michel ou Hélène Brion, mais ce le fut aussi, dans des cercles plus restreints, pour des femmes du monde comme Marie de Gournay (qui connut l'entourage des deux épouses d'Henri IV) ou comme Marguerite Durand, actrice, salonnière et directrice du journal *La Fronde* sous la Troisième République. Comment interpréter enfin l'impact de la propagande antiféministe et de ses effets publicitaires, involontaire et pervers ? La caricature notamment, ainsi que les innombrables textes misogynes, ont, dès l'origine de l'imprimé et du fait de leur violence, généré des ripostes fécondes et imprévues. Les différentes « querelles des dames », aujourd'hui en cours de réexamen, ont sévi depuis au moins Christine de Pizan jusqu'aux multiples contestations du *Projet d'une loi portant défense d'apprendre à lire aux femmes*, publié par Sylvain Maréchal en 1801. Cet auteur paradoxal y parodie les listes de femmes illustres pour justifier et encourager l'analphabétisme féminin : Jeanne d'Arc, dit-il, « sçut bien délivrer la France sans savoir lire » et « l'amour de la science » n'a pas empêché les « mauvaises passions » de Christine de Suède !

Faire l'histoire des femmes célèbres ou, du moins, les invoquer, c'est un thème récurrent dans les écrits de la plupart des féministes. C'est une nécessité et peut-être une illusion. La quête de grandes ancêtres obéit tout à la fois à un besoin de légitimation et à une recherche de consolation : comment panser (et penser) une blessure à jamais non cicatrisable, celle d'un asservissement général et durable des femmes soutenu par de puissants intérêts particuliers et par la mauvaise foi ? La persistance, depuis la nuit des temps, de personnages féminins de grand talent dans tous les champs de l'activité humaine, mais aussi leur oubli récurrent par les élites masculines, obligent à des travaux de réécriture de l'histoire des relations hommes/femmes chaque fois que la question féminine est réaffrontée. *Le Deuxième Sexe* et ses innombrables anecdotes exemplaires en fait encore la démonstration en 1949, tout comme la passion de l'histoire des différentes vagues du féminisme.

Le féminisme, sous toutes ses formes, est bien entendu autre chose qu'une simple affaire de mots. Mais *prendre au mot* les féministes du présent et du passé, c'est leur prêter attention comme elles/ils le méritent ; c'est aussi, en passant au crible de l'analyse critique leurs propres vocables, refuser le statisme de formulations passe-partout dont le sens variable ne cesse de faire l'objet de luttes féroces. La révision de « l'être-femme » à laquelle nous invite Beauvoir passe par la mise à nu de notions trop évidentes : « femme » et « homme » d'abord, mais aussi leur opposition traditionnelle et les schémas binaires qu'elle entraîne : public/privé, violence/persuasion, etc. Que veulent dire, pour une servante engrossée par son maître au XVIe siècle, des mots comme « maternité », « liberté », « égalité », « affranchissement », « faiblesse », « différence », etc. – concepts que chaque époque réemploie différemment ? La définition de ces termes, on l'oublie trop souvent, est le fruit d'élaborations et de réélaborations produites contre des adversaires précis et leur caractère sexué relève du *genre*, qu'il soit social ou grammatical, et non de la nature.

Le langage est un champ d'action (Christine Planté) où l'*e* aime être muet quand il conclut des formes féminines. Quant à la féminisation des titres et des fonctions, c'est bien autre chose qu'un jeu dérisoire. La neutralisation des effets nés de l'association du masculin à l'universel est au cœur d'une « guerre des mots » encore essentielle à mener (voir l'une des rubriques du site de la Société internationale d'étude des femmes de l'Ancien Régime – SIEFAR). Une langue n'est évidemment ni fixe ni immédiate et, surtout, elle n'est jamais neutre. Marguerite Buffet le savait dès 1668 en écrivant ses *Nouvelles Observations sur la langue française, avec les Éloges des illustres sçavantes, tant anciennes que modernes*, tout comme Hubertine Auclert qui, attentive à toutes les formes de sexage, apostrophe ainsi l'Académie française en 1898 : « La féminisation de la langue est urgente. »

De façon infiniment plus modeste, plus prudente aussi, il est sans doute bon de proposer de refaire une « galerie » d'illustres : des écrivain(e)s qui étonnent et détonnent, mais qu'il faut lire ou relire pour leurs qualités stylistiques et pour les résonances que leurs idées peuvent encore avoir aujourd'hui. Passer, grâce à leurs écrits, et comme le proposait Nelly Roussel en 1920, « du rêve à la réalité ». Et *vice versa*.

Nicole Pellegrin

NOTE ÉDITORIALE

La sélection proposée vise à faire se rencontrer des personnalités littéraires et des thématiques aussi variées que possible et non d'écrire une histoire par les documents des féminismes français. Chaque texte est précédé de quelques paragraphes destinés à le situer brièvement dans le contexte de son temps et dans la vie et les œuvres de son auteur. Les informations biographiques à proprement parler sont réduites à l'essentiel et peuvent être approfondies grâce aux ouvrages ou articles indiqués dans la bibliographie finale.

L'élucidation des personnages mentionnés dans chacun des écrits est facilitée par un index nominatif qui fournit des éléments succincts : dates, activité principale, à compléter éventuellement par la lecture des ouvrages généraux indiqués en bibliographie.

Les titres donnés ici aux textes reprennent généralement celui de l'œuvre (ou du chapitre) dont ils sont issus ; quand ils ont été créés pour les besoins de cette édition, ils sont suivis du signe*.

L'orthographe et la ponctuation des textes anciens ont été modernisées pour faciliter la lecture. Les notes de bas de page appartiennent aux textes originaux.

Le lecteur trouvera les sources détaillées des textes en fin d'ouvrage, selon leur ordre d'apparition dans le volume.

1.

Christine de Pizan
(vers 1363 - vers 1431)

> « Sans plus attendre, partons au Champ des Lettres ; c'est en ce pays riche et fertile que sera fondée la Cité des dames, là où on trouve tant de fruits et de douces rivières, là où la terre abonde en toutes bonnes choses. Prends ta pioche de ton intelligence et creuse bien. »
>
> *La Cité des dames*, 1405

*Première des femmes européennes connues à avoir vécu de sa plume, Christine de Pizan servit longtemps, avec la mythique Sapho, à battre en brèche le monopole masculin de l'étude (l'apprentissage et l'exercice des « lettres »). Son exemple et ses démonstrations ne montraient-ils pas les bienfaits d'une instruction féminine désirée par Dieu même ? Il « la forma à sa digne semblance/Et lui donna savoir et cognoiscence/Pour soy sauver, et don d'entendement » (*Épistre au dieu d'amours*, 1399).*

Fille d'un astrologue bolonais installé à la cour du roi Charles V et épouse heureuse, Christine devint veuve d'Étienne de Castel en 1389, dix ans après ses noces. Aussi, pour élever ses trois enfants et entretenir sa mère et sa nièce, elle dut se livrer à des activités littéraires multiples : la rédaction, en langue vernaculaire, de poèmes variés, de traités allégoriques, de biographies historiques, etc. Et elle fut peut-être aussi l'administratrice d'un atelier de copistes-miniaturistes, en un temps où les presses à imprimer n'avaient pas encore été inventées. Ses œuvres, écrites simultanément ou séparément en prose et en vers, sont parcourues par les thèmes inédits du veuvage au féminin, des dangers de l'amour dit courtois, des malheurs de la guerre civile et de l'utopie d'un monde exclusivement féminin. Impliquée dans le débat sur le Roman de la Rose *(œuvre didactique de Guillaume de Lorris continuée à la fin du* XIII*e siècle par le violemment misogyne Jean de Meun), débat qui fit rage à Paris entre 1401 et 1405, elle écrivit alors* Le Livre de la Cité des dames. *Elle s'y dépeint plongée mélancoliquement dans la lecture d'un traité hostile aux femmes quand surviennent trois dames – Raison, Droiture et Justice – qui l'invitent à construire une ville fortifiée dont chaque pierre serait une femme douée de talents et de vertus. Le dialogue qu'elle instaure avec les trois dames est étayé d'exemples tirés de l'Antiquité, de l'histoire sainte et de son propre monde. À noter que la dernière des œuvres versifiées de Christine de Pizan chante la gloire de sa contemporaine, Jeanne d'Arc, prophétesse inspirée, guerrière encore victorieuse et défenseure d'une monarchie menacée.*

Classée comme « le premier des bas-bleus qu'il y ait dans notre littérature » par l'universitaire Gustave Lanson, toujours méprisant à l'égard des écrivaines (la première édition de sa fameuse Histoire de la littérature française *date de 1894), Christine de Pizan n'en figure pas moins dans certains manuels scolaires féminins des années 1900. C'est le cas de ces* Morceaux choisis des auteurs français, *destinés à l'enseignement secondaire des jeunes filles (cours supérieur) et réunis par Albert Cahen. L'extrait que nous proposons ici provient de* La Cité des dames *(deuxième partie, chapitre trente-six) où Droiture dialogue avec Christine à l'intérieur des murailles, et il était reproduit en vieux français dans ce manuel avec un appareil de notes très pédagogique.*

Le passage choisi recourt à l'argument d'autorité, ce qui est, pour longtemps, une nécessité quand il s'agit de défendre le droit à l'éducation des filles. L'illégitimité d'une femme qui traite d'affaires publiques en prenant la plume et qui s'insurge contre des conventions bien établies explique une présentation apparemment en demi-teinte de la cause des femmes par l'auteur. Entre rêverie poétique et analyse précise de l'histoire propre aux femmes, quelle que soit leur catégorie sociale (un thème développé principalement dans Le Livre des trois vertus *en cette même année 1405), Pizan a* construit *un solide panthéon féminin qui met en cause les fondements d'un monde dominé par les hommes d'Église.*

À CEUX QUI DISENT QU'IL N'EST PAS BON QUE FEMMES APPRENNENT LETTRES

Je me merveille trop fort de l'opinion d'aucuns hommes qu'ils ne vouldroient point[1] que leurs filles, femmes ou parentes apprensissent sciences, et que[2] leurs meurs en empireroient. Par ce puez tu[3] bien voir que toutes opinions d'ommes ne sont pas fondées sur raison, et que ceulx[4] ont tort ; car il ne doit mie estre présumé que de

1. *Je me merveille... qu'ils ne vouldroient point*, je m'émerveille très fort de l'opinion de quelques hommes, à savoir de ce qu'ils ne voudraient point.
2. *Et que*, disant en outre que.
3. *Par ce puez tu*, par cela tu peux. – Formes orthographiques du même mot : peux, pues, puez.
4. *Ceulx*, ceux-là.

sçavoir les sciences moralles et qui apprennent les vertus, les meurs doivent en empirer ; ains[1] n'est point de doubte qu'ils[2] en amendent et anoblissent[3]. Comme doncques est il a penser[4] que qui suit bonnes leçons et doctrine, en doit empirer ? Cette chose n'est à dire, ni à soustenir. Je ne dye mie que bon fust qu'aucune femme estudiast es sciences de sorts[5] ni en celles qui sont deffendues ; car pour neant ne les a pas l'Église saincte ostées[6] du commun usaige ; mais que les femmes empirent de sçavoir le bien, ce n'est pas à croire. N'estoit pas de cette opinion Quintus Ortensius[7], qui estoit à Rome grand rhétoricien et souverain ditteur[8]. Celluy ot[9] une fille nommée Ortence[10], qu'il moult aima pour la souttilité de son engin[11] et luy fit apprendre lettres et estudier en la dicte science de rhétorique... Pareillement, à parler de plus nouveaux temps, sans querre[12] les anciennes histoires, Jehan Audry, le solennel[13] légiste à

---

1. *Ains*, mais.
2. *Ils* : les mœurs (masculin au Moyen Âge ; venant en effet d'un nom latin masculin).
3. *En*, par là. Qu'ils s'amendent et s'ennoblissent par là.
4. *Comme doncques est-il à penser*, comment donc y a-t-il à penser.
5. *Sorts*, sortilèges. Je ne dis pas qu'il serait bon qu'aucune femme étudiât en les sciences de sortilèges.
6. *Car pour néant... ostées*, car ce n'est pas pour rien que l'Église sainte les a ôtées.
7. Quintus Hortensius (114-50 av. J.-C.) est le célèbre orateur qui prit en main la cause de Verrès, accusé par Cicéron.
8. *Ditteur*, diseur, orateur.
9. *Celluy ot*, celui-ci eut.
10. Ortence, Hortensia.
11. *Souttilité de son engin*, subtilité de son esprit (latin *ingenium*, esprit).
12. *Querre*, chercher, s'enquérir de : l'ancien français avait les deux formes *querre* et *quérir*, comme *courre* et *courir*.
13. Littré cite deux exemples empruntés à la langue du XIVe siècle, dans lesquels ce mot est pris dans le sens de noble, illustre.

Boulongne[1], n'a mie LX ans[2], n'estoit pas d'opinion que mal fust que femmes fussent lettrées, quand à sa belle et bonne fille, qu'il tant aima, qui eut nom Novelle, fist apprendre lettres, et si avant[3], que, quand il estoit occuppé d'aucune[4] besoigne, par quoy il ne pouvoit vacquer à lire[5] ses leçons à ses escolliers, il envoyoit Novelle, sa fille, en son lieu[6] lire aux escolles en chaire. Et afin que la beauté d'elle n'empeschast[7] la pensée des oyants, elle avoit une petite courtine[8] au devant d'elle. Et par celle manière, elle aucunes fois suppléoit et allégeoit les occupacions de son père, lequel l'ama tant, que, pour mettre le nom d'elle en mémoire, fist une nottable lecture[9] d'un livre de loys qu'il nomma, de sa fille, *la Novelle.*

La Cité des dames, 1405.

---

1. *Boulongne*, Bologne : l'école de droit de Bologne, fondée par Théodose II, était célèbre. Bologne était la patrie du père de Christine de Pizan, l'astrologue Thomas de Pizan, qui avait pu connaître les personnes dont parle ici sa fille.
2. *N'a mie LX ans*, il n'y a pas soixante ans.
3. *Si avant*, si profondément, en s'avançant si loin.
4. *Aucune*, quelque.
5. *Lire* veut dire ici professer. C'est ainsi que les professeurs du Collège royal (Collège de France) s'appelèrent *lecteurs royaux*.
6. *En son lieu*, à sa place.
7. *Empeschâst*, embarrassât, paralysât, obstruât.
8. *Courtine*, voile.
9. *Lecture*, leçon, commentaire.

2.

Marie Le Jars de Gournay
(1565-1645)

> « L'homme et la femme sont tellement uns, que si l'homme est plus que la femme, la femme est plus que l'homme. L'homme fut créé mâle et femelle, ce dit l'Écriture. »

*Une parenté spirituelle illustre et des écrits multiples et retentissants ont fondé la renommée de Marie de Gournay, « fille d'alliance de Montaigne », également sa préfacière et éditrice. Pourtant sont oubliées aujourd'hui une bonne partie de ses activités de traductrice (du latin), de grammairienne, de moraliste. Ne sont plus lus ni son « roman discourant » de 1594 (*Le Promenoir de M. de Montaigne*), ni même ses textes autobiographiques (dont une* Apologie pour celle qui escrit, *en 1626). Et on a ignoré jusqu'il y a peu le réseau européen de ses correspondant(e)s lettré(e)s. La postérité en revanche a retenu son refus des convenances, le courage de ses prises de position politiques (la défense des jésuites au temps de Ravaillac) et sa longévité. Ces faits ont permis à ses détracteurs de railler des traits physiques marqués par l'âge, sa pingrerie (elle était de petite noblesse pauvre et fut pensionnée par Richelieu) et son attachement à des valeurs présumées anciennes au temps de Louis XIII. Ce mépris insultant ou condescendant a subsisté jusque chez certains historiens d'aujourd'hui, alors que son importance* *est considérable pour l'histoire des lettres françaises (elle publie en 1595 la troisième édition des* Essais, *dûment révisée sur les manuscrits) et pour celle de la pensée féministe.*

Refusant le débat sur l'excellence des femmes, elle pose dans plusieurs textes la question de la subordination d'un sexe par l'autre et elle le fait en termes fort originaux : il n'y a pas de différence biologique majeure entre les sexes car, dit-elle, « l'animal humain n'est homme ni femme, à le bien prendre : les sexes étant faits non simplement, ni pour constituer une différence d'espèces, mais pour la seule propagation. L'unique forme et différence de cet animal ne consistent qu'en l'âme raisonnable ».

L'iniquité de la situation faite aux femmes naît de leur instruction, absente ou insuffisante, et si, malgré ce handicap, certaines arrivent à faire des prouesses, il faut que toutes reconquièrent une dignité *fondée en raison. Parce qu'elle n'est pas donnée par la naissance, la dignité s'acquiert et se construit (voir la fin de l'*Égalité des hommes et des femmes*). Un objectif qui remet en cause non seulement l'infériorité statutaire des femmes, mais aussi l'ensemble des rapports sociaux et des lois qui les régissent. « On sait assez que les hommes [les êtres humains en général] ne naissent pas sages ou justes, ny ne les deviennent gratuitement, ils se portent à ces degrez de perfection par la discipline », c'est-à-dire par l'éducation (traité dédié à Henri IV,* De l'éducation des enfants de France*). Son intérêt pour les questions politiques et intellectuelles de son temps pousse d'ailleurs Gournay à participer à des débats où s'engagent rarement les lettrées : sur la masculinité, la poétique (elle défend Ronsard contre Malherbe), la grammaire, la philologie, la contestation de la loi dite « salique » qui interdisait aux femmes de France de régner, etc.*

Confrontée à une énième « querelle des dames » menée par Marguerite de Valois (première femme de Henri IV dont elle fut dame d'honneur), querelle où s'affrontent les pourfendeurs et les amis du « Sexe » (un prêtre jésuite, le père Loryot occupant tour à tour ces deux rôles en 1614), Gournay sort de l'éternelle logique binaire des vices et des vertus, des hommes et des femmes. Pour cela, elle invoque les autorités du passé (philosophes grecs et chrétiens, dont Aristote et saint Paul, étonnamment érigés en philogynes malgré leur barbe), mais elle recourt aussi à certains auteurs modernes (Érasme, Agrippa, Politien, etc.) et à des exemples féminins originaux. Dans les discours de Gournay, les femmes savantes de l'Antiquité et des temps modernes, les mères courage et les prophétesses de la Bible sont flanquées de figures inédites : quelques compagnes des Pères de l'Église, celles qui eurent en leur temps sinon des fonctions sacerdotales, du moins un rôle d'écoute et de parole aujourd'hui occulté dans le catholicisme.

La piété et l'étonnante érudition de Gournay se déploient principalement dans le premier des deux textes ici proposés, intitulé Égalité des hommes et des femmes. *Il est dédié en 1622 à la reine Anne d'Autriche (1601-1666), mère de Louis XIV et fille de Philippe III d'Espagne, souverain d'un empire si grand que le soleil ne s'y couchait jamais. On y trouve entrelacées références bibliques et réflexions empruntées à Montaigne, en un style vigoureux typique de l'âge préclassique. Et si les connaissances accumulées par Gournay sont moins visibles dans le pamphlet intitulé* Grief des dames *publié en 1626, elles lui donnent néanmoins toute son assurance.*

*Les textes choisis n'ont pas été tronqués et ils ont en commun d'avoir été insérés tous deux dans plusieurs recueils successifs des œuvres de Gournay : une version de l'*Égalité *figurait dans* Le Promenoir, *puis dans* L'Ombre de la damoiselle de Gournay *de 1626, et sera repris et enrichi dans les* Advis *en 1641, comme le fut le* Grief, *lui-même issu, pour ses premières lignes, d'un passage de la préface aux*

Essais *de 1595 avant que d'être inclus dans la quarantaine de traités divers de* L'Ombre *de 1626. On s'est contenté ici de réutiliser, en modernisant l'orthographe et la ponctuation, la version donnée en 1988 par Elyane Dezon-Jones à partir de l'original des* Advis *de 1641. Y résonnent encore les « vieux mots » et la verve égalitaire de Gournay.*

ÉGALITÉ DES HOMMES ET DES FEMMES

À la Reine,
Lui présentant l'Égalité des hommes et des femmes.

Madame,

Ceux qui s'avisèrent de donner un Soleil pour devise au feu roi, votre Père, avec ce mot, IL N'A POINT D'OCCIDENT POUR MOI, firent plus qu'ils ne pensaient : parce qu'en représentant sa Grandeur qui voyait presque toujours sans intervalle ce Prince des Astres sur quelqu'une de ses Terres, ils rendirent la devise héréditaire en votre Majesté, présageant vos Vertus, lumière et félicité des Peuples. C'est, dis-je, chez votre Majesté, Madame, que la lumière des Vertus n'aura point d'Occident, alors que le temps aura converti leur fleur et fruit : et conséquemment la félicité des Français qu'elles éclaireront n'aura point d'Occident encore. Or comme vous êtes en l'Orient de votre âge et de vos Vertus ensemble, Madame, daignez prendre courage d'arriver en leur Midi, au même temps que vous arriverez à celui de vos années : j'entends au Midi des Vertus, qui ne peuvent mûrir que par loisir et par culture : car il en est quelques-unes des plus recommandables, entre autres la Religion, la charité vers les pauvres, la chasteté et l'amour conjugale, que le noble instinct de la Nature et l'heureuse naissance peuvent inspirer d'eux-mêmes ; desquelles aussi vous avez touché le Midi dès votre matin. Mais certes, il faut le courage requis à cet effort aussi grand et puissant que votre Royauté, pour grande et puissante qu'elle soit : les Rois étant battus de ce malheur, que la Peste infernale des flatteurs qui se glissent dans les Palais leur rend la Vertu et sa guide, la Clairvoyance, d'un accès infiniment plus difficile qu'aux inférieurs. Je ne sais qu'un sûr moyen de vous faire espérer à atteindre ces deux Midis de l'âge et des vertus en même instant : c'est qu'il plaise à votre Majesté de se jeter vivement sur les bons Écrits de Prudence et de Mœurs, car aussitôt qu'un Prince s'est relevé l'esprit par cet exercice, les flatteurs se trouvant les moins fins ne s'osent plus jouer à lui. Et ne peuvent communément les Puissants et les Rois recevoir instruction opportune que des morts : pour ce que ceux qui environnent les grands étant partis en deux Bandes, les fous et les méchants, c'est-à-dire ces flatteurs, ne savent ni ne veulent bien dire autour de leurs oreilles : les sages et les gens de bien le peuvent et le veulent, mais ils n'osent. C'est en la Vertu, Madame, qu'il faut que les personnes de votre rang cherchent la vraie hautesse, et la Couronne des Couronnes : d'autant qu'elles ont puissance et non droit, de violer les Lois et l'Équité, et qu'elles rencontrent autant de péril et plus de honte que les autres à commettre cet excès. Aussi nous apprend un grand Roi lui-même que la gloire de la Fille du Roi est en l'intérieur. Quelle est cependant ma rusticité ? Tous autres abordent leurs Princes et leurs Rois en adorant et louant ; j'ose aborder ma Reine en prêchant. Pardonnez néanmoins à mon zèle, Madame, qui brûle d'envie d'ouïr la France crier ce mot, LA LUMIÈRE N'A POINT D'OCCIDENT POUR MOI, partout où passera votre Majesté, nouveau Soleil des Vertus, et qui désire encore de tirer d'elle, ainsi que j'espère de ses dignes commencements, une des plus fortes preuves du Traité que j'offre à vos pieds, pour maintenir l'égalité des hommes et des femmes. Et non seulement vu la grandeur unique qui vous est acquise par naissance et par mariage, vous servirez de miroir au sexe, et de sujet d'émulation aux hommes, en l'étendue de l'Univers, si vous daignez vous élever au point de mérite et de perfection que je vous propose par le secours de ces grands Livres ; mais aussitôt, Madame, que vous aurez pris résolution de vouloir luire de ce précieux éclat, on croira que tout le même sexe éclaire en sa splendeur de vos rayons. Je suis, de votre Majesté, MADAME,

Très humble et très obéissante sujette et servante, GOURNAY.

La plupart de ceux qui prennent la cause des femmes contre cette orgueilleuse préférence que les hommes s'attribuent leur rendent le change entier : car ils renvoient la préférence vers elles. Quant à moi qui fuis toutes extrémités, je me contente de les égaler aux hommes, la Nature s'opposant aussi pour ce regard autant à la supériorité qu'à l'infériorité. Que dis-je ? Il ne suffit pas à quelques gens de leur préférer le sexe masculin, s'ils ne les confinaient encore d'un arrêt irréfragable et nécessaire à la quenouille, oui même à la quenouille seule. Toutefois ce qui les peut consoler contre ce mépris, c'est qu'il ne se fait que par ceux d'entre les hommes auxquels elles voudraient moins ressembler : personnes à donner vraisemblance aux reproches qu'on pourrait vomir sur le sexe féminin, s'ils en étaient, et qui sentent en leur cœur ne se pouvoir recommander que par le crédit du masculin. D'autant qu'ils ont ouï trompeter par les rues que les femmes manquent de dignité, manquent aussi de suffisance, voire du tempérament et des organes pour arriver à celle-ci ; leur éloquence triomphe à prêcher ces maximes et tant plus opulemment de ce que dignité, suffisance, organes et tempérament sont de beaux mots, n'ayant appris d'autre part que la première qualité d'un malhabile homme, c'est de cautionner les choses sous la foi populaire et par ouï-dire. Parmi les roulades de ces hauts devis, oyez tels cerveaux comparer ces deux sexes : la suprême excellence à leur avis, où les femmes puissent arriver, c'est de ressembler le commun des hommes, autant éloignés d'imaginer qu'une grande femme se peut dire grand homme, le sexe simplement changé, que de consentir qu'un homme se peut élever à l'étage d'un Dieu. Gens plus braves qu'Hercule vraiment, qui ne défit que douze monstres en douze combats, tandis que d'une seule parole ils défont la moitié du Monde. Qui croira cependant que ceux qui se veulent relever et fortifier de la faiblesse d'autrui doivent prétendre de pouvoir se relever ou se fortifier de leur propre force ? Et le bon est qu'ils pensent être quittes de leur effronterie à vilipender le sexe féminin, usant d'une effronterie pareille à se louer ou plutôt à se dorer eux-mêmes, je dis parfois en particulier comme en général, et encore à quelque tort et fausse mesure que ce soit : comme si la vérité de leur vanterie recevait poids et qualité de son impudence. Et Dieu sait si je connais de ces joyeux vanteurs, et dont les vanteries sont tantôt passées en proverbe, entre les plus échauffés au mépris des femmes. Mais quoi, s'ils prennent d'être galants et suffisants hommes, de ce qu'ils se déclarent tels comme par Édit, pourquoi ne rendront-ils les femmes bêtes par le contrepied d'un autre Édit ? Il est raisonnable que leur boule aille roulant jusqu'au profond de sa route. Mon Dieu, que ne prend-il quelquefois envie à ces suffisances de fournir un peu d'exemple juste et précis et de pertinente loi de perfection à ce pauvre sexe ? Et si je juge bien, soit de la dignité, soit de la capacité des Dames, je ne prétends pas à cette heure de la prouver par raisons, puisque les opiniâtres les pourraient débattre, ni par exemples pour ce qu'ils sont trop communs, mais bien seulement par l'autorité de Dieu même, des Pères arcs-boutants de son Église, et de ces grands Philosophes, qui ont servi de Lumière à l'Univers. Rangeant ces glorieux témoins en tête, et réservons Dieu, puis les Saints Pères de son Église, au fond, comme le trésor.

Platon, à qui nul n'a débattu le titre de Divin, et conséquemment Socrate, son interprète et protocole en ses Écrits, s'il n'est là même celui de Socrate, son plus divin Précepteur, puisqu'ils n'ont jamais eu qu'un sens et qu'une bouche, leur assignent mêmes droits, facultés et fonctions en leur République et partout ailleurs. Les maintiennent de plus avoir surpassé maintes fois tous les hommes de leur Patrie : comme en effet elles ont inventé partie des plus beaux arts, mêmement les caractères Latins, ont excellé, ont enseigné cathédralement et souverainement par-dessus les hommes, en toutes sortes de Disciplines et de Vertus, dans les plus fameuses Villes antiques, entre autres Alexandrie, première Cité de l'Empire après Rome : Hypathie tint ce haut bout en un siège si célèbre. Mais que fit moins en Samothrace Themistoclea, sœur de Pythagore, sans parler de la sage Thenao, sa femme, puisqu'on nous apprend que celle-là dictait comme lui la Philosophie, ayant eu pour disciple ce frère même, qui pouvait à peine en toute la Grèce trouver des Disciples dignes de lui ? Qu'était-ce aussi que Damo sa fille, ès mains de laquelle en mourant il déposa ses Commentaires et le soin de provigner sa Doctrine, avec ces mystères et cette gravité dont il avait usé toute sa vie ? Nous lisons en Cicéron même, le Prince des Orateurs, quel lustre et quelle vogue avaient à Rome et près de lui l'éloquence de Cornelia, mère des

Gracques ; et de plus, celle de Laelia, fille de Caius, qui à mon avis Sylla. Ni la fille de Laelius, non plus que celle d'Hortensius, ne manquent pas en Quintilien d'un Éloge célèbre au sujet de cette exquise vertu. Quoi donc, si Ticobrahe, le fameux Astrologue et Baron Danois, eût vécu de nos jours, n'eût-il point solemnifié ce nouvel Astre, qui s'est naguère découvert en son voisinage, appelons ainsi Mademoiselle de Schurman : l'émulatrice de ces illustres Dames en l'éloquence, et de leurs Poètes Lyriques encore, mêmement sur leur propre langue Latine, et qui possède, avec celle-là, toutes les autres, antiques et nouvelles, et tous les Arts libéraux et nobles ? Mais Athènes, auguste Reine de la Grèce et des Sciences, serait elle seule entre les chefs des Villes, qui n'eût point vu les Dames triompher au suprême rang des Précepteurs du Genre humain, tant par des Écrits illustres et plantureux, que de vive voix ? Areté, fille d'Aristippe, acquit en cette glorieuse cité cent dix Philosophes pour disciples, tenant publiquement la Chaise que son père avait quittée par la mort. Et comme elle eut, outre cela, tracé plusieurs excellents Écrits, les Grecs l'honorèrent de cet Éloge qu'elle avait eu la plume de son Père, l'âme de Socrate, la langue d'Homère. Je ne spécifie ici que celles qui ont lu publiquement aux lieux plus célèbres, et avec un lustre éclatant : car ce serait chose ennuyeuse par son infinité les autres grands et doctes esprits des femmes. Et pourquoi la seule Reine de Saba sut-elle adorer la sagesse de Salomon, mais encore à travers tant de Mers et de Terres qui les séparaient, sinon parce qu'elle la connaissait mieux que tout son siècle ? Ou pourquoi la connaissait-elle mieux, que par une correspondance de Sagesse, égale ou plus proche que toutes les autres têtes de ce temps-là ? C'est en continuant aussi l'estime et la déférence que les femmes ont méritées, que ce double miracle de Nature Précepteur et Disciple nommés à l'entrée de cette section ont cru donner plus de poids à des discours de grande importance, s'ils les prononçaient en leurs Livres par la bouche de Diotime et d'Aspasie : Diotime, que ce premier ne craint point d'appeler sa maîtresse et Préceptrice, en quelques-unes des plus hautes Sciences, lui Précepteur et maître de toutes les Nations que le Soleil éclaire. Ce que Théodoret relève si volontiers en l'Oraison de la Foi, ce me semble, qu'il paraît bien que l'opinion favorable au sexe lui était fort plausible. Voyez ensuite la longue et magnifique comparaison que ce fameux Philosophe Maximus Tyrius fait de la méthode d'aimer du même Socrate à celle de cette grande Sapho. Combien aussi ce Roi des Sages chatouille-t-il d'espoir d'entretenir en l'autre Monde la suffisance des grands hommes et des grandes femmes que les Siècles ont portés ; et quelles délices se promet-il de cet exercice, en la divine Apologie par laquelle son grand Disciple nous rapporte ses derniers discours ? Après tous ces témoignages de Socrate sur le fait des Dames, on voit assez que s'il lâche quelque mot au Sympose de Xénophon contre leur prudence, à comparaison de celle des hommes, il les regarde selon l'ignorance et l'inexpérience où elles sont nourries, ou bien au pis aller en général, avec dessein de laisser lieu fréquent et spacieux aux exceptions : à quoi les deviseurs sur qui nous sommes ne s'entendent point. Pour le regard de Platon, on nous récite encore qu'il ne voulait pas commencer à lire, que Lastemia (j'ai lu ce nom de la sorte) et Axiothea ne fussent arrivées en son auditoire, disant que cette première était l'entendement, cette autre la mémoire, qui sauraient comprendre et retenir ce qu'il avait à dire.

Si donc les Dames arrivent moins souvent que les hommes aux degrés d'excellence, c'est merveille que ce défaut de bonne éducation, et même l'affluence de la mauvaise expresse et professoire ne fasse pis, et qu'elle ne les garde d'y pouvoir arriver du tout. S'il le faut prouver : se trouve-t-il plus de différences des hommes à elles, que d'elles à elles-mêmes : selon l'institution qu'elles ont reçue, selon qu'elles sont élevées en Ville ou village, ou selon les Nations ? Et conséquemment pourquoi leur institution aux affaires et aux Lettres, à l'égal des hommes, ne remplirait-elle la distance vide, qui paraît d'ordinaire entre les têtes d'eux et d'elles ? Vu mêmement, que l'instruction est de telle importance, qu'un de ses membres seul, c'est-à-dire le commerce du monde, abondant aux Françaises et aux Anglaises et manquant aux Italiennes, celles-ci sont de gros en gros de si loin dépassées par celles-là ? Je dis de gros en gros, car en détail les Dames d'Italie triomphent parfois : et nous en avons tiré des Reines et des Princesses qui ne manquaient pas d'esprit. Pourquoi vraiment la bonne façon de les nourrir ne pourrait-elle arriver à remplir l'intervalle qui se trouve entre les entendements des hommes et des leurs ; vu qu'en l'exemple que je viens d'alléguer, les pires naissances surmontent les meilleures, par l'assistance seule et simple de ce commerce et de cette conversation du monde ? Car l'air des Italiennes est plus subtil et propre à subtiliser les esprits, que celui d'Angleterre ni de France : comme il paraît en la capacité des hommes de ce Climat Italien, confrontée communément contre celle-là des Français et des Anglais ; mais j'ai touché cette considération ailleurs. Plutarque, en l'opuscule des Vertueux Faits des femmes, maintient que la vertu de l'homme et celle de la femme sont même chose. Sénèque d'autre part publie aux Consolations qu'il faut croire que la Nature n'a point traité les Dames ingratement, ou restreint et raccourci leurs vertus et leurs esprits plus que les vertus et les esprits des hommes : mais au contraire, qu'elle les a douées de pareille vigueur et de faculté pareille à toute chose honnête et louable.

Voyons ce qu'en juge, après ces deux, le tiers Chef du Triumvirat de la Sagesse humaine et Morale en ses Essais. Il lui semble, dit-il et si ne sait pourquoi, qu'il se trouve rarement des femmes dignes de commander aux hommes. N'est-ce pas les mettre en particulier à l'égale contrebalance des hommes, et confesser, que s'il ne les y met en général, il craint d'avoir tort ? Bien qu'il puisse excuser sa restriction, sur la pauvre et disgraciée manière de laquelle on nourrit ce sexe. Sans oublier, au reste, d'alléguer favorablement en autre lieu de son même Livre, cette autorité que Platon leur départ en sa République, et qu'Antisthène niait toute différence au talent et en la vertu des deux sexes. Quant au Philosophe Aristote, remuant Ciel et Terre, il n'a point contredit l'opinion qui favorise les Dames, s'il ne l'a contredite en général à cause de la mauvaise institution, et sans nier les exceptions : partant il l'a confirmée, s'en rapportant vraisemblablement aux sentences de son père, et grand-père spirituels, Socrate et Platon, comme à chose constante et fixe sous le crédit de tels Sages, par la bouche desquels il faut avouer que le Genre humain tout entier, et la Raison même, ont prononcé leur arrêt. Est-il besoin d'alléguer infinis autres esprits anciens et modernes de nom illustre ? Ou parmi ces derniers Érasme, Politien, Boccace, le Tasse, aux œuvres qu'il écrit en prose, Agrippa, l'Honnête et pertinent Précepteur des Courtisans, et tant de fameux Poètes, si contrepointés tous ensemble aux mépriseurs du sexe féminin, et si partisans de ses avantages, aptitude et disposition à tout office et à tout exercice louable et de haute entreprise ? Les Dames en vérité se consolent de ce que les décrieurs de leur mérite ne peuvent prouver qu'ils soient habiles gens, si tous ces Auteurs vieux et nouveaux le sont ; et qu'un habile homme ne dira pas, encore qu'il le crut, que le mérite et le privilège du sexe féminin tire court, auprès de ceux du masculin, jusqu'à ce qu'il ait fait passer tous ces Écrivains pour des rêveurs, afin d'infirmer leur témoignage si contraire à une telle sentence, au cas qu'il entreprît de la prononcer. Et rêveurs faudrait-il proclamer encore des Peuples entiers et des plus subtils, entre autres ceux de Smyrne en Tacite qui, pour obtenir autrefois à Rome préséance de Noblesse sur leurs voisins, alléguaient être descendus, ou de Tantale, fils de Jupiter, ou de Thésée, petit-fils de Neptune, ou d'une Amazone, laquelle par conséquent ils comparaient à ces Dieux en dignité. Les Lesbiens ne cherchèrent pas moins de gloire en la naissance de Sapho, puisqu'il se trouve aujourd'hui partout, mêmement en Hollande, que leur monnaie portait pour seule marque la figure d'une jeune Dame la lyre en la main, avec ce mot : *Lesbos.* N'était-ce pas reconnaître que le plus grand honneur qu'eux et leur île eussent jamais eu, c'était d'avoir bercé l'enfance de cette Héroïne ? Et puisque nous sommes tombés d'aventure sur les Poétesses, nous apprenons que Corinne gagna publiquement les prix sur Pindare, en leur Art ; et qu'à dix-neuf ans qui bornèrent la vie d'Érinne, elle avait fait un Poème de trois cents vers, élevé à tel degré d'excellence qu'il entrait en parallèle avec la majesté de ceux d'Homère et jetait Alexandre dans un doute, s'il devait plus estimer le bonheur d'Achille d'avoir rencontré pour Hérault ce grand Poète, ou celui de ce même Poète d'avoir eu pour Rivale une telle Héroïne. Les Dames ont-elles su choisir en ces deux Poètes, à qui débattre glorieusement la victoire, ou du moins l'égalité ? Pour le regard de la Loi Salique, qui prive les femmes de la Couronne, elle n'a lieu qu'en France. Et fut inventée au temps de Pharamond, par la seule considération des guerres contre l'Empire, duquel nos pères secouaient le joug, le sexe féminin étant vraisemblablement d'un corps moins propre aux armes, par la nécessité du port et de la nourriture des enfants. Il faut remarquer encore pourtant que les Pairs de France ayant été créés en première intention comme une espèce de Personniers des Rois, ainsi que leur nom le déclare, les Dames Pairesses de leur chef ont séance, privilège et voix délibérative partout où les Pairs en ont, et de même étendue. On peut voir Hotman, pour l'étymologie des Pairs, et du Tillet et Matthieu en l'*Histoire du Roi* pour les Dames Pairesses. Comme aussi est-ce chose digne de considération que les Lacédémoniens, ce brave et généreux Peuple, consultait de toutes affaires privées et publiques avec ses femmes, au rapport de Plutarque, et Pausonias, Suidas, Fulgose et Laertius, répondront de la plupart des autres Autorités ou témoignages que j'ai recueillis ci-devant ; à quoi j'ajouterai que le Théâtre de la vie humaine, avec l'Horloge des Princes, que je puis alléguer en tel cas, récitent plusieurs nouvelles de cette catégorie, dont ils nomment leurs Auteurs. Bien a servi cependant aux Français de trouver l'invention des régentes, pour un équivalent des Rois pendant les minorités : car sans cela, combien y a-t-il que leur État fût par terre ? Les Germains, ces belliqueux Peuples, ce dit Tacite, qui après plus de deux cents ans de guerre, furent plutôt trompetés en Triomphe que vaincus, portaient dot à leurs femmes, non au contraire : et si avaient au surplus des Nations entre eux, qui n'étaient jamais régies que par ce sexe. Et quand Énée présente à Didon la Couronne et le Spectre d'Ilion, les Scholiastes disent que cela provient de ce que les Dames filles aînées, comme était cette Princesse, régnaient anciennement aux maisons royales. Veut-on deux plus beaux envers à la Loi Salique, si deux envers elle peut souffrir ? Si est-ce que nos anciens Gaulois, ni les Carthaginois avec eux, ne méprisaient pas les femmes : lors qu'étant unis en l'armée d'Hannibal pour passer les Alpes, ils établirent les Dames Gauloises arbitres de leurs différends. Que si les hommes dérobent à ce sexe en plusieurs lieux sa part des meilleurs avantages, ils ont tort de faire un titre de leur usurpation et de leur tyrannie : car l'inégalité des forces corporelles plus que des spirituelles, ou des autres branches du mérite, est facilement cause de ce larcin et de sa souffrance, forces corporelles qui sont au reste des vertus si basses, que la bête en tient plus par-dessus l'homme, que l'homme par-dessus la femme. Et si ce même Historiographe Tacite nous apprend qu'où la force règne, l'équité, l'intégralité, la modestie même, sont les attributs du vainqueur, s'étonnera-t-on que la Prudence, la Sagesse, et toute sorte de bonnes qualités en général, soient les attributs de nos hommes, privativement aux femmes outre la privation de tous les avantages mondains.

Au surplus, l'Animal humain n'est homme ni femme, à le bien prendre : les sexes étant faits non simplement, ni pour constituer une différence d'espèces, mais pour la seule propagation. L'unique forme et différence de cet Animal ne consistent qu'en l'âme raisonnable. Et s'il est permis de rire en passant chemin, le quolibet ne sera pas hors de saison, lequel nous apprend qu'il n'est rien plus semblable au chat sur une fenêtre que la chatte. L'homme et la femme sont tellement uns, que si l'homme est plus que la femme, la femme est plus que l'homme. L'homme fut créé mâle et femelle, ce dit l'Écriture, ne comptant ces deux que pour un ; et Jésus-Christ est appelé Fils de l'Homme, bien qu'il ne le soit que de la femme : perfection entière et consommée de la preuve de cette unité des deux sexes. Ainsi parle après le grand Saint Basile en sa première Homélie de l'Hexameron ; la Vertu de l'homme et de la femme sont même chose, puisque Dieu leur a décerné même création et même honneur : *masculum et foeminam fecit eos*. Or en ceux de qui la nature est une et même, il faut conclure que les actions aussi le soient, et que l'estime et le loyer ensuite soient pareils, où les œuvres sont pareilles. Voilà donc la déclaration de ce puissant athlète et vénérable témoin de l'Église. Il n'est pas mauvais de se souvenir sur ce point-là que certains Ergoristes anciens ont passé jusques à cette niaise arrogance, de débattre au sexe féminin l'Image de Dieu, à différence de l'homme, duquel ils devaient, selon ce calcul, attacher à la barbe le caractère d'une telle image. Il fallait d'ailleurs, et par conséquent, dénier aux femmes l'image de l'homme, ne pouvant lui ressembler sans qu'elles ressemblassent à celui dont il porte la ressemblance, Dieu même leur a départi les dons de prospérité indifféremment avec les hommes, et les a constituées aussi pour juges, instructrices et conductrices de son Peuple fidèle en paix et en guerre, ès personnes d'Olda et de Déborah. Et davantage, il les a rendues triomphantes avec ce Peuple, des hautes victoires : en témoins de quoi, leurs Cantiques ont l'honneur de tenir rang dans la Sainte Bible, et pareillement ceux de Marie, Sœur de Moïse et d'Anne, fille de Phanuel. De plus elles les ont plusieurs fois emportées et arborées en divers Climats du Monde, mais sur quelles gens encore ? Cyrus et Thésée : à ces deux, on ajoute Hercule, qu'elles ont sinon vaincu du moins bien battu. Aussi fut la chute de Pentasilée un couronnement de la gloire d'Achille ; oyez Sénèque et Ronsard parlant de lui :

L'Amazone il vainquit, dernier effroi des Grecs.
Pentasilée il rua sur la poudre.

Ni Virgile n'a su consentir à la mort de Camille, au milieu d'une furieuse Armée, qui semblait ne redouter qu'elle, sinon par l'embûche et la surprise d'un trait tiré de loin. Epicharis, Laena, Porcia, la mère des Machabées nous pourront-elles servir de preuve combien les Dames sont capables de cet autre Triomphe de la force magnanime, qui consiste en la constance et en la souffrance des plus âpres travaux ? Ont-elles au surplus moins excellé, de Foi, qui comprend toutes les vertus principales, que de force considérée en toutes ses espèces ? Paterculus nous apprend qu'aux proscriptions Romaines, la fidélité des enfants fut nulle, des affranchis légère, des femmes très grande. Que si Saint Paul, suivant ma route des témoignages saints, leur défend le ministère, et leur commande le silence en l'Église, il est évident que ce n'est point par aucun mépris, mais bien seulement de crainte qu'elles n'émeuvent les tentations, par cette montre si claire et si publique qu'il faudrait faire en ministrant et en prêchant, de ce qu'elles ont de grâce et de beauté plus que les hommes. Je dis qu'on voit évidemment que le mépris en est hors : puisque cet Apôtre parle de Thesbé comme de la Coadjuratrice en l'Œuvre de notre Seigneur, outre que Sainte Tècle et Appia tenaient rang au nombre de ses plus chers enfants et Disciples. Sans toucher le grand crédit de Sainte Pétronille vers Saint Pierre, et sans ajouter que la Madeleine est nommée en l'Église Égale aux Apôtres, *par Apostolis*, entre autres au Calendrier des Grecs publié par Genebrard. Voire que l'Église et eux mêmes Apôtres ont permis une exception de cette règle de silence pour elle, qui prêcha trente ans en la Baume de Marseille, au rapport de toute la Provence. Et si quelqu'un reproche ce témoignage des prédictions de la Madeleine, on lui demandera que faisaient les Sibylles, sinon prêcher l'Univers par inspiration divine, sur l'avènement futur de Jésus-Christ ? Et faudra qu'il nous dise après s'il peut nier celles de sainte Catherine de Sienne, que le bon et saint Évêque de Genève me vient d'apprendre. Au reste, toutes les Nations concédaient la Prêtrise aux femmes, indifféremment avec les hommes, et les Chrétiens sont au moins forcés de consentir qu'elles soient capables d'appliquer le Sacrement de Baptême ; mais quelle faculté de distribuer les autres leur peut être justement déniée, si celle de distribuer celui-là leur est justement accordée ? De dire que la nécessité des petits enfants mourants ait forcé les Pères anciens d'établir cet usage en dépit d'eux ; il est certain qu'ils n'auraient jamais cru que la nécessité les pût dispenser de prévariquer jusques aux termes d'octroyer une permission de violer et de profaner l'application d'un Sacrement. Et partant, concédant cette faculté de distribution aux femmes, on voit à clair qu'ils les en ont estimées dignes, et qu'ils ne les ont interdites de communiquer les autres Sacrements que pour maintenir toujours plus entière l'autorité des hommes : soit pour être eux-mêmes du sexe masculin, soit afin qu'à droit ou à tort, la paix fût plus assurée entre les deux sexes, par la faiblesse et le ravalement de l'un. Certes saint Jérôme écrit sagement en ses Épitres qu'en matière du service de Dieu, l'esprit et la doctrine doivent être considérés, non le sexe. Sentence qu'on doit généraliser, pour permettre aux Dames, à plus forte raison, toute autre science et toute autre action des plus exquises et solides, disons en un mot, de la plus haute Classe : et cela suivant aussi les intentions du même saint, qui par tous ses Écrits honore et autorise bien fort ce sexe, de sorte qu'il dédie à la Vierge Eustochium ses Commentaires sur Ezéchiel, quoiqu'il fût défendu aux Sacrificateurs mêmes d'étudier ce Prophète avant trente ans. Quiconque lira ce que saint Grégoire encore écrit au sujet de sa sœur ne le trouvera pas moins favorable vers elles que saint Jérôme. Je lisais l'autre jour un deviseur, déclamant contre l'autorité que les Protestants concèdent vulgairement à l'insuffisance prétendue des femmes, de feuilleter l'Écriture : en quoi je trouvai qu'il avait la meilleure raison du monde, s'il eût fait pareille exception sur l'insuffisance des hommes, en cas de telle permission vulgaire, insuffisance toutefois qu'il ne peut voir, parce qu'ils ont l'honneur de porter barbe comme lui. Davantage saint Jean, l'Aigle et le plus chéri des Évangélistes, ne méprisait pas les femmes, non plus que saint Pierre, et saint Paul, et ces trois Pères, j'entends saint Basile, saint Jérôme et saint Grégoire, puisqu'il leur adresse ses Épîtres particulièrement ; sans parler d'infinis autres Saints, ou Pères, qui font pareille adresse de leurs Écrits. Quant au fait de Judith, je n'en daignerais faire mention, s'il était particulier, cela s'appelle, dépendant du mouvement et de la volonté de son autrice, non plus que je parle des autres, de ce calibre, bien qu'ils soient immenses en quantité, comme ils sont autant héroïques en qualité de toutes sortes, que ceux qui couronnent les plus illustres hommes. Je n'enregistre point les faits privés, de crainte qu'ils ne semblent être quelques bouillons d'une vigueur personnelle, plutôt que des avantages et des dons du sexe féminin. Mais celui de Judith mérite place en ce lieu : puisqu'il est bien vrai que son dessein tombant au cœur d'une jeune Dame, entre tant d'hommes faillis de cœur, à tel besoin, en si difficile entreprise, et pour un tel fruit que le salut d'un Peuple et d'une Cité fidèle à Dieu semble plutôt être une faveur d'inspiration et un don de prérogative Divine et spéciale envers les femmes qu'un trait purement humain et volontaire. Comme aussi le semble être celui de la Pucelle d'Orléans, accompagné de mêmes circonstances environ, mais de plus ample utilité, d'autant qu'il s'étendit jusques au Salut d'un grand Royaume et de son Prince.

Cette illustre Amazone instruite aux soins de Mars,
Fauche les escadrons, et brave les hasards ;
Vêtant le dur plastron sur sa ronde mammelle,
Dont le bouton pourpre de grâce étincelle :
Pour couronner son chef de gloire et de lauriers,
Vierge elle ose affronter les plus fameux guerriers.

Ajoutons que la Madeleine est la seule âme à qui le Rédempteur ait jamais prononcé cette parole et promis cette auguste grâce : en tous lieux où se prêchera l'Évangile, il sera parlé de toi. D'ailleurs Jésus-Christ déclara sa très heureuse et très glorieuse Résurrection aux Dames les premières, afin de les rendre, selon le célèbre mot de saint Jérôme au Prologue sur le Prophète Sophronias, Apôtresses aux propres Apôtres ; et comme l'on sait, avec Mission expresse : Va, dit-il, à celle-ci même, et récite aux Apôtres et à Pierre ce que tu as vu. Sur quoi il faut observer qu'il manifesta sa nouvelle Naissance en même instant et de même sorte aux femmes qu'aux hommes, en la personne d'Anna fille de Phanuel prénommée, qui le reconnut par l'esprit Prophétique, avec le bon vieillard Saint Siméon alors qu'il fut circoncis ; et devant eux sainte Élisabeth, dès qu'il était encore enveloppé dans les cachettes du ventre Virginal. Laquelle Naissance, d'abondant, les Sibylles que je viens d'alléguer ont prédite, seules entre les Gentils : excellent privilège du sexe féminin. Quel honneur fait aux femmes aussi ce songe survenu chez Pilate, s'adressant à l'une d'elles privativement à tous les hommes, et en telle et si haute occasion ? Et si les hommes se vantent que Jésus-Christ soit né de leur sexe, on répond qu'il le fallait par nécessaire bienséance : ne se pouvant pas sans scandale mêler jeune à toutes les heures du jour et de la nuit, parmi les presses, afin de convertir, secourir et sauver le Genre humain, s'il eut été du sexe des femmes, mêmement en face de la malignité des Juifs. Que si quelqu'un au reste est si fade d'imaginer masculin ou féminin en Dieu, bien que si son nom semble sonner le masculin, ni conséquemment besoin du choix d'un sexe plutôt que de l'autre, pour relever ou honorer l'Incarnation de son Fils, celui-ci montre à plein jour qu'il est aussi mauvais Philosophe que Théologien. D'autre part, l'avantage qu'ont les hommes par son incarnation en leur sexe, s'ils en peuvent tirer un avantage, vu cette nécessité remarquée, est compensé par sa Conception très précieuse au corps d'une femme, par l'entière perfection de cette femme, unique à porter son nom de parfaite entre toutes les Créatures purement humaines, depuis la chute de nos premiers parents, et par son Assomption unique encore en un sujet humain. Qui plus est, il peut se dire à l'aventure, de son humanité, qu'elle emporte cette prérogative par-dessus celle-là de Jésus-Christ que le sexe qui n'est point nécessaire en lui, pour la Passion et pour la Résurrection et la Rédemption des humains, ses offices propres, l'est en elle pour la Maternité, son office aussi.

Finalement, si l'Écriture a déclaré le mari chef de la femme, la plus grande sottise que l'homme peut faire, c'est de prendre cela pour un passe-droit de dignité. Car vu les exemples, autorités et raisons notées en ce discours, par où l'égalité des grâces et des faveurs de Dieu vers les deux sexes est prouvée, disons leur unité même ; et vu que Dieu a prononcé : « Les deux ne feront qu'un », et prononcé ensuite : « L'homme quittera père et mère pour se donner à sa femme », il paraît que cette déclaration de l'Évangile n'est faite que par le besoin exprès de nourrir la paix en mariage. Ce besoin requérait, sans doute, qu'une des parties conjointes cédât à l'autre : car la commune faiblesse des esprits ne pouvait souffrir que la concorde naquît du simple discours de raison, ainsi qu'elle eût dû faire en un juste contrepoids d'autorité mutuelle, ni la prestance des forces du mâle permettre aussi que la soumission vînt de sa part. Et quand bien il serait véritable, selon que quelques-uns maintiennent, que cette soumission fût imposée à la femme pour châtiment du péché de la Pomme mangée, cela encore est bien éloigné de conclure à la prétendue préférence de dignité en l'homme. Si l'on croyait que l'Écriture lui commandât de céder à l'homme, comme indigne de le contrecarrer, voyez l'absurdité qui suivrait : la femme se trouverait digne d'être faite à l'image du Créateur, de jouir de la très sainte Eucharistie, des mystères de la Rédemption, du Paradis, et de la Vision, voire possession de Dieu, non pas des avantages et des privilèges de l'homme. Serait-ce point déclarer l'homme plus précieux et plus haut que toutes ces choses, et partant commettre le plus grief des blasphèmes ?

Égalité des hommes et des femmes, 1622.

Grief des dames

Bienheureux es-tu, Lecteur, si tu n'es point de ce sexe qu'on interdit de tous les biens, le privant de la liberté : oui même, qu'on interdit encore à peu près de toutes les vertus, lui soustrayant les Charges, les Offices et fonctions publiques : en un mot, lui retranchant le pouvoir, en la modération duquel la plupart des vertus se forment, afin de lui continuer pour seule félicité, pour vertus souveraines et seules, l'ignorance, la servitude et la faculté de faire le sot si ce jeu lui plaît.

Bienheureux derechef, qui peux être sage sans crime : ta qualité d'homme te concédant, autant qu'on les défend aux femmes, toute action de haut dessein, tout jugement sublime, et toute parole de spéculation exquise. Mais afin de taire pour ce coup les autres griefs de ce sexe, de quelle injuste façon est-il ordinairement traité, je vous prie, aux conférences, autant qu'il s'y mêle ? Et suis si peu, ou pour mieux dire si fort glorieuse, que je ne crains pas d'avouer que je le sais de ma propre expérience.

Eussent les Dames les raisons et les méditations de Carnéade, il n'y a si chétif qui ne les rembarre avec approbation de la plupart des assistants, quand avec un sourire seulement, ou quelque petit branlement de tête, son éloquence muette aura dit : C'est une femme qui parle. Tel rebute pour aigreur épineuse, ou du moins pour opiniâtreté, toute forme de résistance qu'elles peuvent faire contre les arrêts de son jugement, pour discrète qu'elle se montre : ou d'autant qu'il ne croit pas qu'elles puissent heurter sa précieuse tête par autres ressorts que celui de l'aigreur et de l'opiniâtreté, ou parce que, se sentant au secret du cœur, mal aiguisé pour le combat, il faut qu'il trame querelle d'Allemand, afin de fuir les coups. Et n'est pas l'invention trop forte, d'accrocher sur les fins de non-recevoir la rencontre de quelques cervelles qui peut-être lui feraient peine à débeller. Un autre s'arrêtant par faiblesse à mi-chemin, sous couleur de ne vouloir pas importuner une personne de notre robe, sera dit victorieux et courtois ensemble. Un autre, derechef, bien qu'il estimât une femme capable de soutenir une dispute, ne croira pas que la bienséance lui permette de présenter un duel légitime à cet esprit : pour ce qu'il la loge en la bonne opinion du Vulgaire, lequel méprise le sexe en ce point-là. C'est bien loin après tout, de mener par le nez un Vulgaire, que de faire vanité qu'il nous mène par le nez nous-mêmes. Suivons. Celui-ci disant trente sottises, emportera toutefois le prix, par sa barbe ou par l'orgueil d'une capacité prétendue, que la compagnie et lui-même mesurent selon ses commodités et sa vogue, sans considérer que bien souvent elles lui naissent d'être plus bouffon ou plus flatteur que ses compagnons, ou de quelque lâche soumission, ou autre vice, ou de la bonne grâce et faveur de telle personne, qui n'accorderait pas une place en son cœur, ni en sa familiarité, à de plus habiles gens que lui.

Celui-là sera frappé, qui n'a pas l'entendement de discerner le coup rué d'une main féminine. Et tel autre le discerne et le sent, qui pour l'éluder tourne le discours en risée, ou bien en escopetterie de caquet perpétuel, ou le détord et divertit ailleurs, et se met à vomir pédantesquement force belles choses qu'on ne lui demande pas ; ou par sotte ostentation, l'intrigue et confond de bâtelages logiques, croyant offusquer son antagoniste par les seuls éclairs de sa doctrine, de quelque biais ou lustre qu'il les étale. Tels gens savent, en cela, combien il est aisé de faire profit de l'oreille du spectateur, qui ne peut découvrir si ces galanteries-là sont fuite ou victoire, pour se trouver très rarement capable de juger de l'ordre et de la conduite d'une conférence, et de la force de ceux qui l'agitent, et très rarement capable aussi de ne s'éblouir pas à l'éclat de cette vaine science qu'une vanité présomptueuse crache, comme s'il était question de rendre compte de ses leçons. Ainsi pour emporter le prix, il suffit à ces messieurs d'esquiver le combat, et peuvent moissonner autant de gloire qu'ils veulent épargner de labeur. Ces trois mots soient dits sur la conférence, pour la part spéciale des Dames : car de l'art de conférer en général, de ses perfections et défauts, les *Essais* en traitent jusques au faîte de l'excellence.

Remarquons en ce discours que non seulement le Vulgaire des Lettrés bronche à ce pas, contre le sexe féminin, mais que parmi ceux mêmes, vivants et morts, qui ont acquis quelque nom aux Lettres en notre Siècle, je dis, parfois sous des robes sérieuses, on en a connu qui méprisaient absolument les Œuvres des femmes, sans se daigner amuser à les lire, pour savoir de quelle étoffe elles sont, ni recevoir avis ou conseil qu'ils y peuvent rencontrer, et sans vouloir premièrement informer s'ils en pourraient faire eux-mêmes qui méritassent que toute sorte de femmes les lussent. Cela me fait soupçonner qu'en lisant les Écrits des hommes mêmes, ils voient plus clair en l'anatomie de leur barbe qu'en celle de leurs raisons. Ces traits de mépris de tels docteurs en moustaches sont en vérité fort commodes selon le goût à relever le lustre de leur Sapience : puisque pour mettre un homme en estime auprès du Commun, cette bête à plusieurs têtes, surtout en la Cour, il suffit que cet homme méprise celui-ci et celui-là, et qu'il jure être, quant à lui, le *prime del monde* : à l'exemple de cette pauvre folle, qui croyait se rendre un exemplaire de beauté, pour s'en aller criant par nos rues de Paris, les mains sur les côtés : Venez voir que je suis belle. Mais je souhaiterais en charité que ces gens eussent ajouté seulement un autre trait de souplesse en celui-là. C'est de nous faire voir que la valeur de leur esprit surpassât tête par tête celle de ce sexe partout, ou bien au pis aller, égalât celle-là de leurs voisins : je dis même voisins au dessous du haut étage. Cela s'appelle, que nous ne lussions pas aux registres de ceux de leur troupe, qui osent écrire des traductions infâmes s'ils se mêlent d'exprimer au bon Auteur ; des conceptions faibles et basses, s'ils entreprennent de discourir ; des contradictions fréquentes, des chutes sans nombre, un jugement aveugle au choix et en la suite des choses, ouvrages desquels le seul assaisonnement est un léger fard de langage sur des matières dérobées : glaire d'œufs battue. À propos de quoi, je tombai l'autre jour sur une Épître liminaire de certain personnage, du nombre de ceux-là qui font piaffe de ne s'amuser jamais à lire un Écrit de femme ! mon Dieu, que de diadèmes, que de gloire, que d'Orient, que de splendeur, que de Palestine, recherchés cent lieues par-delà le mont Liban ! mon Dieu que de pieds de mouche, passant pour autant de Phenix en l'opinion de leur maître ! et combien sont loin des bons ornements ceux-là qui les recherchent dans l'enflure ou la pompe des mots, particulièrement en Prose ? Ceux à qui Nature donne un corps grêle, ce dit un homme de haut mérite, les grossissent d'ambourreure ; et ceux de qui l'imagination conçoit une matière exile ou sèche, l'enflent de paroles. Quelle honte encore que la France voie d'un œil si trouble, et d'un jugement si louche, le mérite des Écrivains, qu'elle ait donné réputation d'écrire excellemment à un Auteur, qui comme le père de cette Épître n'eut jamais qualité recommandable, réservé celle de ce fard assisté de quelque Science Scholastique ? Je le veux tant moins nommer de ce qu'il est mort. Finalement, pour retourner à souhaiter du bien à mon Prochain, je désirerais aussi qu'aucun de cette volée de savants ou Écrivains, mépriseurs de ce pauvre sexe malmené, cessassent d'employer les Imprimeurs, pour nous laisser à tout le moins en doute, s'ils savent composer un Livre ou non : car ils nous apprennent qu'ils ne peuvent, édifiant les leurs par le labeur d'autrui ; je dis les édifiant en détail et parfois en gros, de peur que cette honnête-homme que les *Essais* raillent de même vice en la saison de leur Auteur, ne demeurât sans compagnie. Si je daignais prendre la peine de protéger les Dames contre eux, j'aurais bientôt recouvré mes seconds en Socrate, Platon, Plutarque, Sénèque, Anthistène, ou encore, saint Basile, saint Jérôme et tels esprits, auxquels ces Docteurs donnent si librement le démenti, et le soufflet, quand ils font différence, surtout différence universelle, aux mérites et facultés des deux sexes. Mais ils sont assez vaincus et punis de montrer leur bêtise, condamnant le particulier par le général (accordé qu'en général le talent des femmes fût inférieur), de la montrer aussi par l'audace de mépriser le jugement de si grands personnages que ceux-là, sans parler des modernes, et le décret éternel de Dieu même, qui ne fait qu'une seule création des deux sexes, et de plus, honore les femmes en son

Histoire Sainte de tous les dons et de toutes les faveurs qu'il départ aux hommes, ainsi que j'ai représenté plus amplement dans L'*Égalité* d'eux et d'elles. Outre tout cela, certes, ceux de cette étoffe souffriront, s'il leur plaît, qu'on les avertisse que nous ne savons pas s'ils sont capables de défaire les femmes par la souveraine loi de leur bon plaisir, qui les condamne et les confine à l'insuffisance, ou s'il y a gloire pour eux en leurs efforts de les effacer par le mépris, dont ils font si plaisamment leur foudre ; mais nous connaissons quelques femmes qui ne feraient jamais gloire de si peu de chose, que de les effacer eux-mêmes, ni par là, ni par comparaison. Davantage, ils sauront que la même finesse qu'ils cherchent à dédaigner ce sexe sans l'ouïr et sans lire ses Écrits, ils la cherchent à leur rendre le change, parce qu'ils les a ouïs, et qu'il a lu ceux qui sont partis de leur main. Ils pourront retenir au surplus un dangereux mot de très bonne maison ; qu'il n'appartient qu'aux plus malhabiles de vivre contents de leur suffisance, regardant celle d'autrui par-dessus l'épaule, et que l'ignorance est mère de la présomption.

Grief des dames, 1626.

3.

François Poulain de La Barre
(1647-1725)

> « Tout ce qui a été écrit par les hommes sur les femmes doit être suspect, car ils sont à la fois juge et partie. Poulain de La Barre »
>
> Cité en exergue par Simone de Beauvoir dans *Le Deuxième Sexe*, 1949.

Prêtre catholique converti au protestantisme, Poulain de La Barre occupe une place singulière dans l'histoire de la pensée occidentale par ses prises de position féministes. Les trois ouvrages dans lesquels il défend ses idées s'intitulent De l'égalité des deux sexes. Discours physique et moral où l'on voit l'importance de se défaire des préjugés, *publié anonymement en 1673,* De l'éducation des dames pour la conduite de l'esprit dans les sciences et dans les mœurs. Entretiens *(1674) et* De l'excellence des hommes contre l'égalité des sexes *(1675), livre qui, malgré son titre, défend le même point de vue que les précédents. Les extraits retenus sont tirés du premier de ces traités.*

Poulain est un cartésien et son cartésianisme est la base la plus ferme de sa critique des opinions antérieures sur les femmes. Le premier extrait, en effet, montre que la vanité des arguments portés contre l'égalité des sexes tient au fait qu'ils croient pouvoir puiser leurs forces d'une part dans les artifices, d'ailleurs remarquables, de la rhétorique, d'autre part dans le recours à l'autorité et enfin dans la recherche de l'« utilité ». Mais pour justifier l'assujettissement des femmes, « des raisons *[c'est moi qui souligne] on n'y en voit point ». Il y a là un trait particulièrement caractéristique de la « table rase » cartésienne qui entend confier la recherche de la vérité à la seule raison, débarrassée des prestiges de l'autorité des Anciens. Et quand, dans le deuxième extrait, Poulain soutient que les femmes peuvent exercer toutes les fonctions habituellement réservées aux hommes, de professeure à reine, en passant par ministre du culte et générale d'armée, la justification ultime en est claire : c'est « qu'elles ont un esprit comme nous capable de connaître la vérité ». Les adversaires de l'égalité entre les hommes et les femmes sont donc les adversaires de la raison, car ils sont « ceux qui veulent dominer les esprits par la créance [croyance] ». Tout est dit.*

Le dernier extrait est particulièrement intéressant en ce qu'il porte principalement sur les différences physiques entre les deux sexes. Poulain de La Barre, parce qu'il est, encore une fois, un bon cartésien, accorde au corps, c'est-à-dire à la matière, une autonomie ontologique qui en fait, face à l'esprit, un domaine pertinent en lui-même. Or la tâche consistant à défendre l'égalité des sexes contre les « préjugez » [préjugés] est peut-être encore plus ardue dans le domaine du corps que dans celui de l'esprit. C'est, en effet, l'une des idées les mieux admises que celle qui fait les femmes physiquement plus faibles que les hommes. La logique de la séparation cartésienne du corps et de l'esprit rend aussi l'entreprise difficile en ce que, dans le domaine du corps, les différences sont dues à des variations matérielles quantitatives (taille, poids, etc.). Dans ces conditions, la notion même d'égalité perd une grande partie de sa pertinence. C'est pourquoi on pourrait dire qu'ici, Poulain de La Barre se livre à une sorte de méditation sur la notion de « différence ».

Son argumentation développe quatre points principaux. D'abord les partisans de l'infériorité physique des femmes extrapolent souvent du social au corporel, erreur majeure pour un cartésien. Ensuite ils prennent la force physique brute pour l'unique ou le principal critère de la supériorité corporelle. De plus ils font un mauvais usage de la notion de tempérament, qui est depuis l'Antiquité l'une des notions clefs de la pensée médicale. Sur ce point, Poulain se livre à une critique indirecte mais sévère de la notion, en affirmant qu'il y a tellement de nuances et de différences d'un individu à l'autre que les termes « bilieux », « sanguin » ou « mélancolique » n'apportent aucune véritable information. Enfin les différences physiques incontestables entre les sexes, au premier rang desquelles se trouve la différence liée au rôle dans la procréation, sont, pour lui comme pour une partie du corps médical de son temps, à l'avantage des femmes.

De l'égalité des deux sexes

[...] L'idée de la vérité étant attachée naturellement à celle de la science, l'on ne manque pas de prendre pour vrai ce que proposent ceux qui ont la réputation d'être savants : et comme le nombre de ceux qui ne le sont que de nom est beaucoup plus grand que de ceux qui le sont en effet, le commun des hommes qui compte seulement les voix se range du côté des premiers, et embrasse d'autant plus volontiers leurs opinions, qu'elles se trouvent plus conformes à celles dont il est déjà imbu.

[*Idée de la science vulgaire*] C'est pourquoi, voyant que les Poètes, les Orateurs, les Historiens, et les Philosophes publient aussi que les femmes sont inférieures aux hommes, moins nobles et moins parfaites, il se le persuade davantage, parce qu'il ignore que leur science est le même préjugé que le sien, sinon qu'il est plus étendu et plus spécieux ; et qu'ils ne font que joindre à l'impression de la coutume le sentiment des Anciens sur l'autorité desquels toute leur certitude est fondée. Et je trouve qu'à l'égard du Sexe, ceux qui ont de l'étude et ceux qui n'en ont point tombent dans une erreur pareille, qui est de juger que ce qu'en disent ceux qu'ils estiment est véritable, parce qu'ils sont déjà prévenus qu'ils disent bien ; au lieu de ne se porter à croire qu'ils disent bien qu'après avoir reconnu qu'ils ne disent rien que de véritable.

[*Contre les autorités des Poètes et des Orateurs.*] Les Poètes et les Orateurs n'ayant pour but que de plaire et de persuader, la vraisemblance leur suffit, à l'égard du commun des hommes. Ainsi l'exagération et l'hyperbole étant très propres à ce dessein, en grossissant les idées, selon qu'on en a besoin, ils font le bien et le mal petit et grand comme il leur plaît ; et par un tour trop ordinaire, ils attribuent à toutes les femmes en général ce qu'ils ne connaissent qu'en quelques particulières. Ce leur est assez d'en avoir vu quelques-unes hypocrites, pour leur faire dire que tout le sexe est sujet à ce défaut. Les ornements dont ils accompagnent leurs discours contribuent merveilleusement à leur attirer la créance de ceux qui ne sont point sur leurs gardes. Ils parlent avec facilité et avec grâce, et emploient certaines manières, lesquelles étant belles, agréables, et peu communes, éblouissent l'esprit et l'empêchent de discerner la vérité. On voit contre les femmes quantité de pièces assez fortes en apparence ; et l'on s'y rend, faute de savoir que ce qui en fait la force et la vérité, ce sont les figures de l'éloquence, les Métaphores, les Proverbes, les Descriptions, les Similitudes, les Emblèmes : et parce qu'il y a d'ordinaire beaucoup de génie et d'adresse dans ces sortes d'ouvrages, l'on s'imagine aussi qu'il n'y a pas moins de vérité.

Tel se persuade que les femmes aiment qu'on leur en conte, parce qu'il aura lu le sonnet de Sarazin sur la chute de la première, qu'il feint n'être tombée que pour avoir prêté l'oreille aux fleurettes du Démon. Il est vrai que l'imagination est plaisante, le tour joli, l'application assez juste dans son dessein, et la chute très agréable ; mais si l'on examine la pièce au fond, et qu'on la réduise en Prose, l'on trouvera qu'il n'y a rien de plus faux ni de plus fade.

Il y a des gens assez simples pour s'imaginer que les femmes sont plus portées à la furie que les hommes, pour avoir lu que les Poètes ont représenté les Furies sous la figure des femmes : sans considérer que cela n'est qu'une imagination Poétique : et que les peintres qui dépeignent les Harpies avec un visage de femme, dépeignent aussi le Démon sous l'apparence d'un homme.

J'en ai vu entreprendre de prouver que les femmes sont inconstantes, sur ce qu'un Poète Latin célèbre a dit qu'elles sont sujettes à un changement continuel, et qu'un Français les a plaisamment comparées à une girouette qui se meut au gré du vent ; faute de prendre garde que toutes ces manières de parler des choses ne sont propres qu'à égayer l'esprit et non pas à l'instruire.

L'éloquence vulgaire est une optique parlante, qui fait voir les objets sous telle figure et telle couleur que l'on veut ; et il n'y a point de vertu qu'on ne puisse représenter comme un vice, par les moyens qu'elle fournit.

Il n'y a rien de plus ordinaire que de trouver dans les Auteurs que les femmes sont moins parfaites et moins nobles que les hommes : mais pour des raisons on n'y en voit point. Et il y a grande apparence qu'ils en ont été persuadés comme le vulgaire. Les femmes n'ont point de part avec nous aux avantages extérieurs, comme les sciences, et l'autorité, en quoi l'on met communément la perfection : donc elles ne sont pas si parfaites que nous. Pour en être convaincu sérieusement, il faudrait montrer qu'elles n'y sont pas admises, parce qu'elles n'y sont pas propres. Mais cela n'est pas si aisé qu'on s'imagine, et il ne sera pas difficile de faire voir le contraire dans la suite, et que cette erreur vient de ce qu'on n'a qu'une idée confuse de la perfection et de la noblesse.

Tous les raisonnements de ceux qui soutiennent que le beau Sexe n'est pas si noble, ni si excellent que le nôtre, sont fondés sur ce que les hommes étant les maîtres, on croit que tout est pour eux ; et je suis assuré qu'on croirait tout le contraire, encore plus fortement, c'est-à-dire que les hommes ne sont que pour les femmes, si elles avaient toute l'autorité, comme dans l'Empire des Amazones.

Il est vrai qu'elles n'ont ici que les emplois qu'on regarde comme les plus bas. Et il est vrai aussi qu'elles n'en sont pas moins à estimer : selon la religion et la raison. Il n'y a rien de bas que le vice ni de grand que la vertu : et les femmes faisant paraître plus de vertu que les hommes, dans leurs petites occupations, méritent plus d'être estimées. Je ne sais même si à regarder simplement leur emploi ordinaire, qui est de nourrir et d'élever les hommes dans leur enfance, elles ne sont pas dignes du premier rang dans la société civile.

[*Que les femmes sont plus estimables que les hommes par rapport à leur emploi.*] Si nous étions libres et sans République, nous ne nous assemblerions que pour mieux conserver notre vie, en jouissant paisiblement des choses qui y seraient nécessaires ; et nous estimerions davantage ceux qui y contribueraient le plus. C'est pourquoi nous avons accoutumé de regarder les Princes comme les premiers de l'État, parce que leurs soins et leur prévoyance est la plus générale, et la plus étendue ; et nous estimons à proportion ceux qui sont au-dessous d'eux. La plupart préfèrent les soldats aux Juges, parce qu'ils s'opposent directement à ceux qui attaquent la vie d'une manière plus terrible, et chacun estime les personnes à proportion qu'il les juge utiles. Ainsi les femmes semblent être les plus estimables, puisque le service qu'elles rendent est incomparablement plus grand que celui de tous les autres.

[*Quel est le mérite des femmes.*] L'on pourrait absolument se passer de Princes, de soldats, et de marchands, comme l'on faisait au commencement du monde, et comme le font encore aujourd'hui les Sauvages. Mais on ne peut se passer des femmes dans son enfance. Les États étant bien pacifiés, la plupart des personnes qui ont l'autorité sont comme mortes et inutiles ; les femmes ne cessent jamais de nous être nécessaires. Les Ministres de la Justice ne sont guère que pour conserver les biens à ceux qui les possèdent, et les femmes sont pour nous conserver la vie ; les soldats s'emploient pour des hommes faits, et capables de se défendre, et les femmes s'emploient pour les hommes, lorsqu'ils ne savent pas encore ce qu'ils sont, s'ils ont des ennemis ou des amis, et lorsqu'ils n'ont point d'autres armes que des pleurs contre ceux qui les attaquent. Les Maîtres, les Magistrats, et les Princes n'agissent souvent que pour leur gloire, et leur intérêt particulier ; et les femmes n'agissent que pour le bien des enfants qu'elles élèvent. Enfin les peines et les soins, les fatigues et les assiduités, auxquelles elles s'assujettissent, n'ont rien de pareil en aucun état de la société civile.

Il n'y a donc que la fantaisie qui les fasse moins estimer. On récompenserait largement un homme qui aurait apprivoisé un Tigre ; l'on considère ceux qui savent dresser des chevaux, des singes, et des Éléphants ; on parle avec éloge d'un homme qui aura composé un petit ouvrage qui lui aura coûté un peu de temps et de peine ;

et l'on néglige les femmes qui mettent plusieurs années à nourrir et à former des enfants ? Et si l'on en recherche bien la raison, l'on trouvera que c'est parce que l'un est plus ordinaire que l'autre.

[...]

[*Que les sciences sont nécessaires à autre chose qu'aux emplois.*] C'est donc une erreur populaire que de s'imaginer que l'étude est inutile aux femmes, parce dit-on, qu'elles n'ont point de part aux emplois pour lesquels on s'y applique. Elle leur est aussi nécessaire que le bonheur et la vertu, puisque sans cela on ne peut posséder parfaitement ni l'un ni l'autre. Elle l'est pour acquérir la justesse dans les pensées et la justice dans les actions ; elle l'est pour nous bien connaître nous-mêmes et les choses qui nous environnent, pour en faire un usage légitime, et pour régler nos passions, en modérant nos désirs. Se rendre habile pour entrer dans les charges et les dignités, c'est un des usages de la science : et il en faut acquérir le plus qu'on peut pour être Juge, ou Évêque, parce qu'on ne peut autrement se bien acquitter des fonctions de ces États ; mais non pas précisément pour y arriver et pour devenir plus heureux par la possession des honneurs et des avantages qu'ils produisent, ce serait faire de la science un usage bas et sordide.

[*Il n'y a point de prescription en matière de science.*] Ainsi il n'y a que le peu de lumière, ou un intérêt secret et aveugle, qui puisse faire dire que les femmes doivent demeurer exclues des sciences par la raison qu'elles n'y ont jamais eu de part publiquement. Il n'est pas des biens de l'esprit comme de ceux du corps ; il n'y a point de prescription contre, et quelque temps que l'on en ait été privé, il y a toujours droit de retour. Les mêmes biens du corps ne pouvant être possédés en même temps par plusieurs personnes, sans diminution de part et d'autre, l'on a eu raison, pour le salut des familles, d'y maintenir les possesseurs de bonne foi au préjudice des anciens propriétaires.

Mais pour les avantages de l'esprit, il en est tout autrement. Chacun a droit sur tout ce qui est du bon sens : le Ressort de la raison n'a point de borne ; elle a dans tous les hommes une égale juridiction. Nous naissons tous juges des choses qui nous touchent ; et si nous ne pouvons pas tous en disposer avec un pouvoir égal, nous pouvons au moins les connaître tous également. Et comme tous les hommes jouissent de l'usage de la lumière et de l'air, sans que cette communication soit préjudiciable à personne, tous peuvent aussi posséder la vérité sans se nuire les uns aux autres. Et même plus elle est connue, plus elle paraît belle et lumineuse ; plus il y a de personnes qui la cherchent, et plus tôt on la découvre : si les deux Sexes y avaient travaillé également, on l'aurait plus tôt trouvée. De sorte que la vérité et la science sont des biens imprescriptibles, et ceux qui en ont été privés y peuvent rentrer sans faire tort à ceux qui en sont déjà les maîtres. Il ne peut donc y avoir que ceux qui veulent dominer sur les esprits par la créance, qui aient sujet d'appréhender ce retour, dans la crainte que si les sciences devenaient si communes, la gloire ne le devînt aussi, et que celle où ils aspirent ne se diminuât par le partage.

[*Que les femmes ne sont pas moins capables que les hommes des Emplois de la société.*] C'est pourquoi il n'y a aucun inconvénient que les femmes s'appliquent à l'étude comme nous. Elles sont capables d'en faire aussi un très bon usage, et d'en tirer les deux avantages que l'on en peut espérer, l'un d'avoir les connaissances claires et distinctes, que nous désirons naturellement, et dont le désir est souvent étouffé et anéanti par la confusion des pensées et par les besoins et les agitations de la vie ; et l'autre d'employer ces connaissances pour leur conduite particulière, et pour celle des autres dans les différents états de la société, dont on fait partie. Cela ne s'accorde pas avec l'opinion commune. Il y en a beaucoup qui croiront bien que les femmes peuvent apprendre ce que l'on comprend sous les sciences Physiques ou naturelles, mais non pas qu'elles soient aussi propres que les hommes à celles qu'on peut appeler Civiles, comme la Morale, la Jurisprudence, et la Politique, et que si elles peuvent se conduire elles-mêmes par l'application des maximes de ces dernières, elles ne pourront pas pour cela conduire les autres.

L'on a cette pensée faute de prendre garde que l'esprit n'a besoin dans toutes ses actions que de discernement et de justesse, et que quiconque a une fois ces deux qualités en une chose peut les avoir aussi aisément et par la même voie dans tout le reste. La Morale ou le Civil ne change point la nature de nos actions : elles demeurent toujours Physiques, parce que la Morale n'est autre chose que de savoir la manière dont les hommes regardent les actions de leurs semblables par rapport aux idées qu'ils ont du bien ou du mal, du vice et de la vertu, de la justice et de l'injustice : et de même qu'ayant une fois bien compris les règles du mouvement dans la Physique, on peut les appliquer à tous les changements et à toutes les variétés qu'on remarque dans la nature ; aussi sachant une fois les véritables maximes des sciences civiles, l'on a pas plus de difficulté à en faire l'application aux incidents nouveaux qui surviennent.

Ceux qui sont dans les Emplois n'ont pas toujours plus d'esprit que les autres pour avoir eu plus de bonheur : et même il n'est pas nécessaire qu'ils en aient plus que le commun, quoi qu'il soit à souhaiter qu'on n'y admît que ceux qui y seraient les plus propres. Nous agissons toujours de la même façon et par les mêmes règles en quelque état que nous nous trouvions ; sinon que plus les états sont relevés, plus nos soins et nos vues sont étendues, parce qu'il y faut plus agir. Et tout le changement qui arrive aux hommes que l'on met au dessus des autres est comme celui d'une personne qui, étant monté au haut d'une Tour, porte sa vue plus loin, et découvre plus de différents objets que ceux qui demeurent en bas : c'est pourquoi si les femmes sont autant capables que nous de se bien conduire elles-mêmes, elles le sont aussi de conduire les autres, et d'avoir part aux emplois et aux dignités de la société Civile.

[*Elles sont capables d'enseigner.*] Le plus simple et le plus naturel usage que l'on puisse faire en public des sciences qu'on a bien apprises, c'est de les enseigner aux autres : et si les femmes avaient étudié dans les Universités, avec les hommes, ou dans celles qu'on aurait établies pour elles en particulier, elles pourraient entrer dans les degrés, et prendre le titre de Docteur et de Maître en Théologie et en Médecine, en l'un et en l'autre Droit ; et leur génie, qui les dispose si avantageusement à apprendre, les disposerait aussi à enseigner avec succès. Elles trouveraient des méthodes et des biais insinuants pour inspirer leur doctrine ; elles découvriraient adroitement le fort et le faible de leurs disciples, pour se proportionner à leur portée, et la facilité qu'elles ont à s'énoncer, et qui est un des plus excellents talents des bons Maîtres, achèverait de les rendre des Maîtresses admirables.

[*Elles sont capables des dignités Écclésiastiques.*] L'emploi le plus approchant de celui de Maître, c'est d'être Pasteur ou Ministre dans l'Église, et l'on ne peut montrer qu'il y ait autre chose que la Coutume qui en éloigne les femmes. Elles ont un esprit comme le nôtre, capable de connaître et d'aimer Dieu, et ainsi de porter les autres à le connaître et à l'aimer. La foi leur est commune avec nous ; l'Évangile et ses promesses ne s'adressent pas moins à elles. La charité les comprend aussi dans ses devoirs, et si elles savent en pratiquer les actions, ne pourraient-elles pas aussi en enseigner publiquement les maximes. Quiconque peut prêcher par ses exemples, le peut encore à plus forte raison par ses paroles, et une femme qui joindrait l'éloquence naturelle à la morale de Jésus-Christ serait aussi capable qu'un autre d'exhorter, de diriger, de corriger, d'admettre dans la société Chrétienne ceux qui en seraient dignes, et d'en retrancher ceux qui refuseraient d'en observer les règlements, après s'y être soumis. Et si les hommes étaient accoutumés à voir les femmes dans une chaire, ils n'en seraient pas plus touchés que les femmes le sont des hommes.

[*Elles peuvent avoir l'autorité.*] Nous ne sommes assemblés en société que pour vivre en paix, et pour trouver dans une assistance mutuelle tout ce qui est nécessaire pour le corps et pour l'esprit. On ne pourrait en jouir sans trouble, s'il n'y avait point d'Autorité ; c'est-à-dire qu'il faut pour cela que quelques personnes aient le pouvoir de faire des lois, et d'imposer des peines à ceux qui les violent. Pour bien user de cette autorité, il faut savoir à quoi elle oblige, et être persuadé que ceux qui la possèdent ne doivent avoir pour but en l'employant que de procurer le salut et l'avantage de ceux qui leur sont inférieurs. Les femmes n'étant pas moins susceptibles de cette persuasion que les hommes, ceux-ci ne pourraient-ils pas se soumettre à elles, et consentir non seulement de ne pas résister à leurs ordres, mais même de contribuer autant qu'ils pourraient pour obliger à leur obéir ceux qui en feraient difficulté.

[*Elles peuvent être Reines.*] Ainsi rien n'empêcherait qu'une femme ne fût sur un Trône, et que pour gouverner ses peuples, elle n'étudiât leur naturel, leurs intérêts, leurs lois, leurs coutumes, et leurs usages ; qu'elle n'eût égard qu'au mérite dans la distribution des charges : qu'elle ne mît dans les emplois de la robe et de l'épée que des personnes équitables ; et dans les dignités de l'Église que des gens de lumière et d'exemple. Est-ce une chose si difficile qu'une femme ne le puisse faire que de s'instruire du fort et du faible d'un État, et de ceux qui l'environnent, d'entretenir chez les étrangers des Intelligences secrètes pour découvrir leurs desseins, et pour rompre leurs mesures, et d'avoir des Espions et des émissaires fidèles dans tous les lieux suspects, pour être informé exactement de tout ce qui s'y passe, à quoi l'on aurait intérêt ? Faut-il pour la conduite d'un Royaume plus d'application et plus de vigilance que les femmes en ont pour leurs familles, et les Religieuses pour leurs Couvents ? Le raffinement ne leur manquerait non plus dans les négociations publiques qu'il leur manque dans les affaires particulières, et comme la piété et la douceur sont naturelles à leur Sexe, la domination en serait moins rigoureuse, que n'a été celle de plusieurs Princes, et l'on souhaiterait sous leur règne ce que l'on a craint sous tant d'autres, que les sujets se réglassent sur l'exemple des personnes qui les gouvernent.

Il est aisé de conclure que si les femmes sont capables de posséder souverainement toute l'autorité publique, elles le sont encore plus de n'en être que les Ministres : comme d'être Vice-reines, Gouvernantes, Secrétaires, Conseillères d'État, Intendantes des Finances.

[*Elles peuvent être Générales d'Armée.*] Pour moi je ne serais pas plus surpris de voir une femme le casque en tête que de lui voir une Couronne ; présider dans un Conseil de guerre, comme dans celui d'un État ; exercer elle-même ses soldats, ranger une armée en bataille, la partager en plusieurs corps, comme elle se divertirait à le voir faire. L'Art Militaire n'a rien par dessus les autres, dont les femmes sont capables, sinon qu'il est plus rude et qu'il fait plus de bruit et plus de mal. Les yeux suffisent pour apprendre dans une Carte un peu exacte toutes les routes d'un pays, les bons et les mauvais passages, les endroits les plus propres aux surprises et aux campements. Il n'y a guère de soldats qui ne sachent bien qu'il faut occuper les défilés avant que d'y engager ses troupes, régler toutes ses entreprises sur les avis certains de bons Espions, tromper même son armée par des ruses et des contre-marches pour mieux cacher son dessein. Une femme peut cela, et inventer des stratagèmes pour surprendre l'Ennemi, lui mettre le vent, la poussière, le Soleil en face et, l'attaquant d'un côté, le faire envelopper par l'autre, lui donner de fausses alarmes, l'attirer dans une embuscade par une fuite simulée, livrer une bataille et monter la première à la brèche pour encourager ses soldats. La persuasion et la passion font tout, et les femmes ne témoignent pas moins d'ardeur et de résolution, lorsqu'il y va de l'honneur, qu'il en faut pour attaquer et pour défendre une place.

[*Elles sont capables des Charges de Judicature.*] Que pourrait-on trouver raisonnablement à redire qu'une femme de bon sens, et éclairée, présidât à la tête d'un Parlement et de toute autre Compagnie. Il y a quantité d'habiles gens qui auraient moins de peine à apprendre les Lois et les Coutumes d'un État que celle des jeux, que les femmes entendent si bien : il est aussi aisé de les retenir qu'un Roman entier. Ne peut-on pas voir le point d'une affaire aussi facilement que le dénouement d'une Intrigue dans une pièce de Théâtre, et faire aussi fidèlement le rapport d'un procès que le récit d'une Comédie ? Toutes ces choses sont également faciles à ceux qui s'y appliquent également.

Comme il n'y a ni charge ni emploi dans la société qui ne soit renfermé dans ceux dont on vient de parler, ni où l'on ait besoin de plus de science, ni de plus d'esprit, il faut reconnaître que les femmes sont propres à tout.

Outre les dispositions naturelles de corps, et les idées que l'on a des fonctions et des devoirs de son Emploi, il y a encore un certain accessoire qui rend plus ou moins capable de s'en acquitter dignement : la persuasion de ce qu'on est obligé de faire, les considérations de Religion et d'intérêt, l'émulation entre les pareils, le désir d'acquérir de la gloire, de faire, de maintenir, ou d'augmenter sa fortune. Selon qu'un homme est plus ou moins touché de ces choses, il agit tout autrement ; et les femmes n'y étant pas moins sensibles que les hommes, elles leur sont, à l'égard des Emplois, égales en tout.

[*Les femmes doivent s'appliquer à l'étude.*] L'on peut donc en assurance exhorter les Dames à s'appliquer à l'étude, sans avoir égard aux petites raisons de ceux qui entreprendraient de les en détourner. Puisqu'elles ont un esprit comme nous capable de connaître la vérité, qui est la seule chose qui les puisse occuper dignement, elles doivent se mettre en état d'éviter le reproche d'avoir enfermé un talent qu'elles pouvaient faire valoir, et d'avoir retenu la vérité dans l'oisiveté et dans la mollesse. Il n'y a pas d'autre moyen pour elles de se garantir de l'erreur et de la surprise, à quoi sont si exposées les personnes qui n'apprennent rien, que par la voie des Gazettes, c'est-à-dire par le simple rapport d'autrui, et il n'y en a point d'autre non plus pour être heureuses en cette vie, en pratiquant la vertu, avec connaissance.

[*L'utilité de l'étude pour les femmes.*] Quelque intérêt qu'elles cherchent outre celui-là, elles le rencontreront dans l'étude. Si les Cercles étaient changés en Académies, les entretiens y seraient plus solides, plus agréables, et plus grands ; et chacune peut juger de la satisfaction qu'elle aurait à parler des plus belles choses, par celle qu'elle ressent quelquefois à en entendre parler les autres. Quelques légers que fussent les sujets de conversation, elles auraient le plaisir de les traiter plus spirituellement que le commun, et les manières délicates qui sont si particulières à leur

Sexe, étant fortifiées de raisonnements solides, en toucheraient bien davantage.

Celles qui ne cherchent qu'à plaire y trouveraient admirablement leur compte ; et l'éclat de la beauté du corps relevé par celui de l'esprit en serait cent fois plus vif. Et comme les femmes les moins belles sont toujours regardées de bon œil lorsqu'elles sont spirituelles, les avantages de l'esprit cultivés par l'étude leur donnerait moyen de suppléer abondamment à ce que la nature ou la fortune leur auraient dénié. Elles auraient part aux entretiens des savants, et règneraient parmi eux doublement. Elles entreraient dans les affaires : les maris ne pourraient s'exempter de leur abandonner la conduite des familles, et de prendre en tout leurs conseils ; et si les choses sont dans un état qu'elles ne peuvent plus être admises aux Emplois, elles pourraient au moins en connaître les fonctions, et juger si on les remplit dignement.

La difficulté d'arriver à ce point ne doit pas épouvanter. Elle n'est pas si grande qu'on la fait. Ce qui est cause qu'on croit qu'il faut tant de peine pour acquérir quelques connaissances, c'est que l'on fait pour cela apprendre quantité de choses qui sont très inutiles à la plupart de ceux qui y aspirent. Toute la science n'ayant jusqu'à présent presque consisté qu'à posséder l'histoire des sentiments de ceux qui nous ont précédés, et les hommes s'en étant trop rapportés à la coutume et à la bonne foi de leurs maîtres, très peu ont eu le bonheur de trouver la méthode naturelle. L'on pourra y travailler, et faire voir qu'on peut rendre les hommes habiles en bien moins de temps, et avec plus de plaisir qu'on ne s'imagine.

[…]

[*Les femmes contribuent plus que les hommes à la génération.*] Les deux Sexes sont nécessaires pour produire ensemble leur pareil. Et si l'on savait comment le nôtre y contribue, l'on trouverait bien du mécompte pour nous. Il est difficile de comprendre sur quoi se fondent ceux qui soutiennent que les hommes sont plus nobles que les femmes, en ce qui regarde les enfants. Ce sont proprement celles-ci qui nous conçoivent, qui nous forment, qui nous donnent l'Être, la naissance, et l'éducation. Il est vrai que cela leur coûte plus qu'à nous, mais il ne faut pas que cette peine leur soit préjudiciable et leur attire le mépris au lieu de l'estime qu'elles en méritent. Qui voudrait dire que les pères et les mères, qui travaillent à élever leurs enfants, les bons Princes à gouverner leurs sujets, et les Magistrats à leur rendre la justice, soient moins estimables que ceux de l'entremise et du secours desquels ils se servent, pour s'acquitter de leur devoir ?

[*Sur le tempérament.*] Il y a des Médecins qui se sont fort étendus sur le Tempérament des Sexes, au désavantage des femmes, et ont fait des discours à perte de vue, pour montrer que leur Sexe doit avoir un tempérament tout à fait différent du nôtre, et qui le rend inférieur en tout. Mais leurs raisons ne sont que des conjectures légères, qui viennent dans l'esprit de ceux qui ne jugent des choses que par préjugé et sur de simples apparences.

Voyant les deux Sexes plus distingués pour ce qui regarde les fonctions Civiles que celles qui leur sont particulières, ils se sont imaginés qu'ils devaient être de la sorte, et ne discernant pas assez exactement ce qui vient de la coutume et de l'éducation d'avec ce que donne la nature, ils ont attribué à une même cause tout ce qu'ils voyaient dans la société, se figurant que Dieu, en créant l'homme et la femme, les avait disposés d'une façon qui doit produire toute la distinction que nous remarquons entre eux.

C'est porter trop loin la différence des Sexes. On la doit restreindre dans le dessein que Dieu a eu de former les hommes par le concours de deux personnes, et n'en admettre qu'autant qu'il est nécessaire pour cet effet. Aussi voyons-nous que les hommes et les femmes sont semblables presque en tout pour la constitution intérieure et extérieure du corps, et que les fonctions naturelles, et desquelles dépend notre conservation, se font en eux de la même manière. C'est donc assez afin qu'ils donnent naissance à un troisième, qu'il y ait quelques organes dans l'un qui ne soient pas dans l'autre. Il n'est pas besoin pour cela, comme on se le figure, que les femmes aient moins de force et de vigueur que les hommes. Et comme il n'y a que l'expérience qui puisse bien faire juger de cette distinction, ne trouve-t-on pas que les femmes sont mêlées comme nous ; il y en a de fortes et de faibles dans les deux parties : les hommes élevés dans la mollesse sont souvent pires que les femmes, et ploient d'abord sous le travail, mais quand ils y sont endurcis par nécessité ou autrement, ils deviennent égaux, et quelquefois supérieurs aux autres.

Il en est de même des femmes. Celles qui s'occupent à des exercices pénibles sont plus robustes que les Dames qui ne manient qu'une aiguille. Ce qui peut faire penser que si l'on exerçait également les deux Sexes, l'un acquérerait peut-être autant de vigueur que l'autre ; ce que l'on a vu autrefois dans une République, où la Lutte et les exercices leurs étaient communs : on rapporte le même des Amazones qui sont au Midi de l'Amérique.

[*Il ne faut point avoir égard à quelques expressions désavantageuses aux femmes.*] L'on ne doit donc faire aucun fond sur certaines expressions ordinaires tirées de l'état présent des deux Sexes. Lorsqu'on veut blâmer un homme avec moquerie, comme ayant peu de courage, de résolution et de fermeté, on l'appelle efféminé, comme si on voulait dire qu'il est aussi lâche et aussi mou qu'une femme. Au contraire, pour louer une femme qui n'est pas du commun à cause de son courage, de sa force, ou de son esprit, on dit que c'est un homme. Ces expressions si avantageuses aux hommes ne contribuent pas peu à entretenir la haute idée qu'on a d'eux, faute de savoir qu'elles ne sont que vraisemblables et que leur vérité suppose indifféremment la nature ou la coutume, et qu'ainsi elles sont purement contingentes et arbitraires. La vertu, la douceur et l'honnêteté étant si particulières aux femmes, si leur sexe n'avait pas été si peu considéré, lorsqu'on aurait voulu signifier avec éloge qu'un homme a ces qualités en un degré éminent, on aurait dit, c'est une femme, s'il avait plu aux hommes d'établir cet usage dans le discours.

Quoi qu'il en soit, ce n'est pas la force du corps qui doit distinguer les hommes ; autrement les bêtes auraient l'avantage par-dessus eux, et entre nous ceux qui sont les plus robustes. Cependant l'on reconnaît par expérience que ceux qui ont tant de force ne sont guère propres à autre chose qu'aux ouvrages matériels, et que ceux au contraire qui en ont moins ont ordinairement plus de tête. Les plus habiles Philosophes et les plus grands Princes ont été assez délicats, et les plus grands Capitaines n'eussent peut-être pas voulu lutter contre les moindres de leurs soldats. Qu'on aille dans le Parlement, on verra si les plus grands Juges égalent toujours en force le dernier de leurs Huissiers.

Il est donc inutile de s'appuyer tant sur la constitution du corps pour rendre raison de la différence qui se voit entre les deux Sexes, par rapport à l'esprit.

Le tempérament ne consiste pas dans un point indivisible : comme on ne peut trouver deux personnes en qui il soit tout semblable, on ne peut non plus déterminer précisément en quoi ils diffèrent. Il y a plusieurs sortes de bilieux, de sanguins, et de mélancoliques, et toutes ces diversités n'empêchent pas qu'ils ne soient souvent aussi capables les uns que les autres, et qu'il n'y ait d'excellents hommes de toute sorte de tempérament. Et supposant même que celui des deux Sexes soit aussi différent qu'on le prétend, il se trouve encore plus de différence entre plusieurs hommes qu'on croit néanmoins capables des mêmes choses. Le plus et le moins étant si peu considérables, il n'y a que l'esprit de chicane qui y fasse avoir égard.

Il y a apparence que ce qui grossit tant en idée la distinction dont nous parlons, c'est qu'on n'examine pas avec assez de précision tout ce que l'on remarque dans les femmes : et ce défaut fait tomber dans l'erreur de ceux qui, ayant l'esprit confus, ne distinguent pas assez ce qui appartient à chaque chose, et attribuent à l'une ce qui ne convient qu'à l'autre, parce qu'ils les trouvent ensemble dans un même sujet. C'est pourquoi, voyant dans les femmes tant de différence pour les manières, et pour les fonctions, on l'a transportée au tempérament, faute d'en savoir la cause.

[*Les femmes peuvent prétendre l'avantage pour le corps.*] Quoi qu'il en soit, si on voulait examiner quel est le plus excellent des deux Sexes, par la comparaison du corps, les femmes pourraient prétendre l'avantage, et sans parler de la fabrique intérieure de leur corps, et que c'est en elles que se passe ce qu'il y a au monde de plus curieux à connaître, savoir, comment se produit l'homme, qui est la plus belle et la plus admirable de toutes les créatures, qui les empêcherait de dire que ce qui paraît au dehors leur doit donner le dessus : que la grâce et la beauté leur sont naturelles et particulières, et que tout cela produit des effets autant sensibles qu'ordinaires, et que si ce qu'elles peuvent par le dedans de la tête les rend au moins égales aux hommes, le dehors ne manque presque jamais de les en rendre les Maîtresses.

La beauté étant un avantage aussi réel que la force et la santé, la raison ne défend pas de s'en prévaloir plutôt que des autres ; et si on voulait juger de son prix par les sentiments et par les passions qu'elle excite, comme l'on juge presque de toutes choses, on trouverait qu'il n'y a rien de plus estimable, n'y ayant rien de plus effectif, c'est-à-dire qui remue et agite plus de passions, qui les mêle, et les fortifie plus diversement, que les impressions de la beauté.

[*Tous les tempéraments sont presque égaux.*] Il ne serait pas nécessaire de parler davantage sur le tempérament des femmes, si un Auteur autant célèbre que poli ne s'était avisé de le considérer comme la source des défauts qu'on leur attribue vulgairement ; ce qui aide beaucoup à confirmer les gens dans la pensée qu'elles sont moins estimables que nous. Sans rapporter son sentiment, je dirai que pour bien examiner le tempérament des deux Sexes par rapport au vice et à la vertu, il le faut considérer dans un état indifférent, où il n'y ait encore ni vertu ni vice en nature : et alors on trouve que ce qu'on appelle vertu dans un temps, pouvant devenir vice en un autre, selon l'usage qu'on en fait, tous les tempéraments sont égaux en ce point-là.

[*Ce que c'est que la vertu.*] Pour mieux entendre cette pensée, il faut remarquer qu'il n'y a que notre âme qui soit capable de vertu, laquelle consiste en général dans la résolution ferme et constante de faire ce qu'on juge le meilleur, selon les diverses occurrences. Le Corps n'est proprement que l'organe et l'instrument de cette résolution, comme une épée entre les mains pour l'attaque et pour la défense : et toutes les différentes dispositions qui le rendent plus ou moins propre à cet usage ne doivent être appelées bonnes ou mauvaises que selon que leurs effets sont plus ordinaires et plus importants pour le bien et pour le mal ; par exemple, la disposition à la fuite pour s'éloigner des maux qui menacent est différente, parce qu'il y en a qu'on ne peut éviter autrement, et alors il est de la prudence de s'enfuir ; au lieu que c'est une timidité blâmable de se laisser emporter à la fuite lorsque le mal est surmontable par une généreuse résistance qui produit plus de bien que de mal.

[*Les femmes ne sont pas plus portées au vice que les hommes.*] Or l'esprit n'est pas moins capable dans les femmes que dans les hommes de cette ferme résolution qui fait la vertu, ni de connaître les rencontres où il la faut exercer. Elles peuvent régler leurs passions aussi bien que nous, et elles ne sont pas plus portées au vice qu'au bien. On pourrait même faire pencher la balance en leur faveur de ce côté-ci : puisque l'affection pour les enfants, sans comparaison plus forte dans les femmes que dans les hommes, est naturellement attachée à la compassion, qu'on peut appeler la vertu et le lien de la société civile, n'étant pas possible de concevoir que la société soit raisonnablement établie pour autre chose que pour survenir aux besoins et aux nécessités communes les uns des autres. Et si on regarde de près comment se forment en nous les passions, on trouvera que de la façon que les femmes contribuent à la production et à l'éducation des hommes, c'est comme une suite naturelle qu'elles les traitent dans leurs afflictions, en quelque manière comme leurs enfants.

De l'égalité des deux sexes, 1673.

4.

Condorcet
(1743-1794)

« N'est-ce pas en qualité d'êtres sensibles, capables de raison, ayant des idées morales, que les hommes ont des droits ? Les femmes doivent donc avoir absolument les mêmes, et cependant jamais, dans aucune constitution appelée libre, les femmes n'ont exercé le droit de citoyens. »

Lettres d'un bourgeois de New Haven à un citoyen de Virginie sur l'inutilité de partager le pouvoir législatif entre plusieurs corps, 1788.

Le moment de la publication de cet article, un an après la prise de la Bastille, en dit plus que bien des analyses de texte. Mathématicien renommé, Nicolas de Caritat, marquis de Condorcet, a alors quarante-sept ans. Après d'importantes fonctions à la frontière du scientifique et du politique (Contrôleur général de la monnaie, secrétaire de l'Académie française), il prend une part active à la Révolution. Élu au Conseil municipal de Paris après le 14 juillet, il fonde avec Sieyès la Société de 1789 et dirige plusieurs publications dont le Journal de la Société de 1789 *où est paru cet article le 3 juillet 1790. Il est élu député de Paris à l'Assemblée législative dont il devient le secrétaire et y demande l'établissement de la République. En 1792, il sera élu député de l'Aisne à la Convention. Condorcet participe, en 1790, au bouillonnement généreux d'un milieu intellectuel prêt à remettre en cause les préjugés et usages sociaux les plus solidement ancrés. C'est avant que la victoire des Jacobins ne le transforme en proscrit fugitif et ne le mène en prison où il mourra (suicidé ou non) le 29 mars 1794.*

L'égalité des sexes est, avec son parallèle obligé l'égalité des races – à laquelle notre texte ne manque pas de faire allusion à travers la mention de l'esclavage – l'un des sujets politiques cruciaux sur lesquels réfléchissent les gens « éclairés » de l'époque. Le texte de Condorcet est un reflet aussi fidèle qu'intéressant de ces débats. Avec une rigueur logique qui rappelle qu'il est l'œuvre d'un mathématicien, cet article entend établir que le refus d'accorder aux femmes leur « droit de cité », c'est-à-dire leurs droits politiques, n'a aucun fondement naturel. Ce refus est en effet fondé sur des différences nées de l'éducation ou de l'« utilité ».

*Plusieurs points de ce texte méritent d'être soulignés. Sa principale ouverture philosophique tient à la position de Condorcet sur la double origine des différences entre les sexes. Les femmes ont les caractères qu'on leur attribue, au moins depuis l'*Antigone *de Sophocle (elles sont plus tournées vers le sentiment et la famille que vers la raison et l'activité politique), non seulement parce que l'éducation qu'on leur donne les oriente dès l'enfance vers ces caractères, mais aussi parce qu'elles ont* constitué leur raison *d'une façon particulière. Le raisonnement est le suivant : les lois naturelles déterminant les* intérêts *propres à chaque sexe – par exemple un intérêt à séduire pour les femmes –, les femmes finissent par établir d'autres* principes *à leurs opinions et à leurs actions, c'est-à-dire une raison qui est « la leur ». Cette position sur la constitution de la raison, qui adopte une logique « empiriste » majoritaire à son époque, peut être dite optimiste en ce qu'elle refuse l'obstacle d'une* nature féminine *naturellement constituée et donc incontournable.*

Derrière la description par Condorcet de l'« utilité » invoquée à l'appui de l'exclusion des femmes de la vie et des droits politiques, se profile la crainte éprouvée par les hommes d'un investissement par les femmes de lieux de pouvoir jusqu'ici exclusivement masculins. D'où l'argumentation, parfois un peu ironique, de l'auteur quand par exemple il se demande si l'influence des amants d'une reine sera plus néfaste que celles des maîtresses des rois. Contre la peur que les femmes ne prennent trop d'influence dans la société, il rappelle les limites d'une révolution qui octroierait des droits politiques aux femmes : de toute façon, l'exercice effectif de fonctions politiques ne concernera toujours, « quelque constitution que l'on établisse », qu'un nombre restreint de personnes, et du même coup les femmes ne déserteront pas plus leur foyer que les laboureurs leurs champs.

Il faut remarquer, enfin, l'intéressant raisonnement de Condorcet concernant l'excellence et le génie. L'un des arguments habituellement avancés pour écarter les femmes des droits civiques, c'est que le génie est exclusivement masculin, puisque, dit-on, « aucune femme n'a fait de découverte importante en science, n'a donné de preuve de génie dans les arts, dans les lettres, etc. » et qu'aucune ne s'est élevée au niveau d'« une classe peu nombreuse d'hommes très éclairés ». Condorcet se garde de prendre parti sur la question du sexe du génie et il adopte un point de vue que l'on peut dire proprement politique. La logique de l'objection qu'il critique conduirait à instaurer une aristocratie très étroite ou à ne permettre « d'être citoyens qu'aux hommes qui ont fait un cours de droit public ». Ce détour, qui ressemble à celui qu'Aristote emprunte pour justifier le pouvoir accordé à une majorité de citoyens qui ne serait pas composée de gens exceptionnels, montre que, pour Condorcet, la République ne sera pas la cité platonicienne gouvernée par les philosophes. Mais il ne nous dit rien de sa propre opinion sur le génie des femmes, une réalité qu'il ne conteste pas malgré les avis contraires de Voltaire ou de Rousseau.

SUR L'ADMISSION DES FEMMES AU DROIT DE CITÉ

L'habitude peut familiariser les hommes avec la violation de leurs droits naturels, au point que, parmi ceux qui les ont perdus, personne ne songe à les réclamer, ne croie avoir éprouvé une injustice.

Il est même quelques-unes de ces violations qui ont échappé aux philosophes et aux législateurs, lorsqu'ils s'occupaient avec le plus de zèle d'établir les droits communs des individus de l'espèce humaine, et d'en faire le fondement unique des institutions politiques.

Par exemple, tous n'ont-ils pas violé le principe de l'égalité des droits, en privant tranquillement la moitié du genre humain de celui de concourir à la formation des lois, en excluant les femmes du droit de cité ? Est-il une plus forte preuve du pouvoir de l'habitude, même sur les hommes éclairés, que de voir invoquer le principe de l'égalité des droits en faveur de trois ou quatre cents hommes qu'un préjugé absurde en avait privés, et l'oublier à l'égard de douze millions de femmes ?

Pour que cette exclusion ne fût pas un acte de tyrannie, il faudrait ou prouver que les droits naturels des femmes ne sont pas absolument les mêmes que ceux des hommes, ou montrer qu'elles ne sont pas capables de les exercer.

Or, les droits des hommes résultent uniquement de ce qu'ils sont des êtres sensibles, susceptibles d'acquérir des idées morales, et de raisonner sur ces idées. Ainsi les femmes ayant ces mêmes qualités, ont nécessairement des droits égaux. Ou aucun individu de l'espèce humaine n'a de véritables droits, ou tous ont les mêmes ; et celui qui vote contre le droit d'un autre, quels que soient sa religion, sa couleur ou son sexe, a dès lors abjuré les siens.

Il serait difficile de prouver que les femmes sont incapables d'exercer les droits de cité. Pourquoi des êtres exposés à des grossesses, et à des indispositions passagères, ne pourraient-ils exercer des droits dont on n'a jamais imaginé de priver les gens qui ont la goutte tous les hivers, et qui s'enrhument aisément ? En admettant dans les hommes une supériorité d'esprit qui ne soit pas la suite nécessaire de la différence d'éducation (ce qui n'est rien moins que prouvé, et ce qui devrait l'être, pour pouvoir, sans injustice, priver les femmes d'un droit naturel), cette supériorité ne peut consister qu'en deux points. On dit qu'aucune femme n'a fait de découverte importante dans les sciences, n'a donné de preuves de génie dans les arts, dans les lettres, etc. ; mais, sans doute, on ne prétendra point n'accorder le droit de cité qu'aux seuls hommes de génie. On ajoute qu'aucune femme n'a la même étendue de connaissances, la même force de raison que certains hommes ; mais qu'en résulte-t-il, qu'excepté une classe peu nombreuse d'hommes très-éclairés, l'égalité est entière entre les femmes et le reste des hommes ; que cette petite classe mise à part, l'infériorité et la supériorité se partagent également entre les deux sexes. Or, puisqu'il serait complètement absurde de borner à cette classe supérieure le droit de cité, et la capacité d'être chargé de fonctions publiques, pourquoi en exclurait-on les femmes, plutôt que ceux des hommes qui sont inférieurs à un grand nombre de femmes ?

Enfin, dira-t-on qu'il y ait dans l'esprit ou dans le cœur des femmes quelques qualités qui doivent les exclure de la jouissance de leurs droits naturels ? Interrogeons d'abord les faits. Élisabeth d'Angleterre, Marie-Thérèse, les deux Catherine de Russie, ont prouvé que ce n'était ni la force d'âme, ni le courage d'esprit qui manquait aux femmes.

Élisabeth avait toutes les petitesses des femmes ; ont-elles fait plus de tort à son règne que les petitesses des hommes à celui de son père ou de son successeur ? Les amants de quelques impératrices ont-ils exercé une influence plus dangereuse que celle des maîtresses de Louis XIV, de Louis XV, ou même de Henri IV ?

Croit-on que mistriss Macaulay n'eût pas mieux opiné dans la chambre des communes que beaucoup de représentants de la nation britannique ? N'aurait-elle pas, en traitant la question de la liberté de conscience, montré des principes plus élevés que ceux de Pitt, et une raison plus forte ? Quoique aussi enthousiaste de la liberté que M. Burke peut l'être de la tyrannie, aurait-elle, en défendant la constitution française, approché de l'absurde et dégoûtant galimatias par lequel ce célèbre rhétoricien vient de la combattre ? Les droits des citoyens n'auraient-ils pas été mieux défendus, en France, aux états de 1614, par la fille adoptive de Montaigne, que par le conseiller Courtin, qui croyait aux sortilèges et aux vertus occultes ? La princesse des Ursins ne valait-elle pas un peu mieux que Chamillard ? Croit-on que la marquise du Châtelet n'eût pas fait une dépêche aussi bien que M. Rouillé ? Madame de Lambert aurait-elle fait des lois aussi absurdes et aussi barbares que celles du garde des sceaux d'Armenonville, contre les protestants, les voleurs domestiques, les contrebandiers et les nègres ? En jetant les yeux sur la liste de ceux qui les ont gouvernés, les hommes n'ont pas le droit d'être si fiers.

Les femmes sont supérieures aux hommes dans les vertus douces et domestiques ; elles savent, comme les hommes, aimer la liberté, quoiqu'elles n'en partagent point tous les avantages ; et, dans les républiques, on les a vues souvent se sacrifier pour elle : elles ont montré les vertus de citoyen toutes les fois que le hasard ou les troubles civils les ont amenées sur une scène dont l'orgueil et la tyrannie des hommes les ont écartées chez tous les peuples.

On a dit que les femmes, malgré beaucoup d'esprit, de sagacité, et la faculté de raisonner portée au même degré que chez de subtils dialecticiens, n'étaient jamais conduites par ce qu'on appelle la raison.

Cette observation est fausse : elles ne sont pas conduites, il est vrai, par la raison des hommes, mais elles le sont par la leur.

Leurs intérêts n'étant pas les mêmes, par la faute des lois, les mêmes choses n'ayant point pour elles la même importance que pour nous, elles peuvent, sans manquer à la raison, se déterminer par d'autres principes et tendre à un but différent. Il est aussi raisonnable à une femme de s'occuper des agréments de sa figure, qu'il l'était à Démosthène de soigner sa voix et ses gestes.

On a dit que les femmes, quoique meilleures que les hommes, plus douces, plus sensibles, moins sujettes aux vices qui tiennent à l'égoïsme et à la dureté du cœur, n'avaient pas proprement le sentiment de la justice ; qu'elles obéissaient plutôt à leur sentiment qu'à leur conscience. Cette observation est plus vraie, mais elle ne prouve rien : ce n'est pas la nature, c'est l'éducation, c'est l'existence sociale qui cause cette différence. Ni l'une ni l'autre n'ont accoutumé les femmes à l'idée de ce qui est juste, mais à celle de ce qui est honnête. Éloignées des affaires, de tout ce qui se décide d'après la justice rigoureuse, d'après des lois positives, les choses dont elles s'occupent, sur lesquelles elles agissent, sont précisément celles qui se règlent par l'honnêteté naturelle et par le sentiment. Il est donc injuste d'alléguer, pour continuer de refuser aux femmes la jouissance de leurs droits naturels, des motifs qui n'ont une sorte de réalité que parce qu'elles ne jouissent pas de ces droits.

Si on admettait contre les femmes des raisons semblables, il faudrait aussi priver du droit de cité la partie du peuple qui, vouée à des travaux sans relâche, ne peut ni acquérir des lumières, ni exercer sa raison, et bientôt, de proche en proche, on ne permettrait d'être citoyens qu'aux hommes qui ont fait un cours de droit public. Si on admet de tels principes, il faut, par une conséquence nécessaire, renoncer à toute constitution libre. Les diverses aristocraties n'ont eu que de semblables prétextes pour fondement ou pour excuse ; l'étymologie même de ce mot en est la preuve.

On ne peut alléguer la dépendance où les femmes sont de leurs maris, puisqu'il serait possible de détruire en même temps cette tyrannie de la loi civile, et que jamais une injustice ne peut être un motif d'en commettre une autre.

Il ne reste donc que deux objections à discuter. À la vérité, elles n'opposent à l'admission des femmes au droit de cité que des motifs d'utilité, motifs qui ne peuvent contre-balancer un véritable droit. La maxime contraire a été trop souvent le prétexte et l'excuse des tyrans ; c'est au nom de l'utilité que le commerce et l'industrie gémissent dans les chaînes, et que l'Africain reste dévoué à l'esclavage ; c'est au nom de l'utilité publique qu'on remplissait la Bastille, qu'on instituait des censeurs de livres, qu'on tenait la procédure secrète, qu'on donnait la question. Cependant nous discuterons ces objections, pour ne rien laisser sans réponse.

On aurait à craindre, dit-on, l'influence des femmes sur les hommes.

Nous répondrons d'abord que cette influence, comme toute autre, est bien plus à redouter dans le secret que dans une discussion publique ; que celle qui peut être particulière aux femmes y perdrait d'autant plus, que, si elle s'étend au delà d'un seul individu, elle ne peut être durable dès qu'elle est connue. D'ailleurs, comme jusqu'ici les femmes n'ont été admises dans aucun pays à une égalité absolue, comme leur empire n'en a pas moins existé partout, et que plus les femmes ont été avilies par les lois, plus il a été dangereux, il ne paraît pas qu'on doive avoir beaucoup de confiance à ce remède. N'est-il pas vraisemblable, au contraire, que cet empire diminuerait si les femmes avaient moins d'intérêt à le conserver, s'il cessait d'être pour elles le seul moyen de se défendre et d'échapper à l'oppression ?

Si la politesse ne permet pas à la plupart des hommes de soutenir leur opinion contre une femme dans la société, cette politesse tient beaucoup à l'orgueil ; on cède une victoire sans conséquence ; la défaite n'humilie point parce qu'on la regarde comme volontaire. Croit-on sérieusement qu'il en fût de même dans une discussion publique sur un objet important ? La politesse empêche-t-elle de plaider contre une femme ?

Mais, dira-t-on, ce changement serait contraire à l'utilité générale, parce qu'il écarterait les femmes des soins que la nature semble leur avoir réservés.

Cette objection ne me paraît pas bien fondée. Quelque constitution que l'on établisse, il est certain que, dans l'état actuel de la civilisation des nations européennes, il n'y aura jamais qu'un très-petit nombre de citoyens qui puissent s'occuper des affaires publiques. On n'arracherait pas les femmes à leur ménage plus que l'on n'arrache les laboureurs à leurs charrues, les artisans à leurs ateliers. Dans les classes plus riches, nous ne voyons nulle part les femmes se livrer aux soins domestiques d'une manière assez continue pour craindre de les en distraire, et une occupation sérieuse les en détournerait beaucoup moins que les goûts futiles auxquels l'oisiveté et la mauvaise éducation les condamnent.

La cause principale de cette crainte est l'idée que tout homme admis à jouir des droits de cité ne pense plus qu'à gouverner ; ce qui peut être vrai jusqu'à un certain point dans le moment où une constitution s'établit ; mais ce mouvement ne saurait être durable. Ainsi il ne faut pas croire que parce que les femmes pourraient être membres des assemblées nationales, elles abandonneraient sur-le-champ leurs enfants, leur ménage, leur aiguille. Elles n'en seraient que plus propres à élever leurs enfants, à former des hommes. Il est naturel que la femme allaite ses enfants, qu'elle soigne leurs premières années ; attachée à sa maison par ces soins, plus faible que l'homme, il est naturel encore qu'elle mène une vie plus retirée, plus domestique. Les femmes seraient donc dans la même classe que les hommes obligés par leur état à des soins de quelques heures. Ce peut être un motif de ne pas les préférer dans les élections, mais ce ne peut être le fondement d'une exclusion légale. La galanterie perdrait à ce changement, mais les mœurs domestiques gagneraient par cette égalité comme par toute autre.

Jusqu'ici, tous les peuples connus ont eu des mœurs ou féroces ou corrompues. Je ne connais d'exception qu'en faveur des Américains des États-Unis qui sont répandus en petit nombre sur un grand territoire. Jusqu'ici, chez tous les peuples, l'inégalité légale a existé entre les hommes et les femmes ; et il ne serait pas difficile de prouver que dans ces deux phénomènes, également généraux, le second est une des principales causes du premier ; car l'inégalité introduit nécessairement la corruption, et en est la source la plus commune, si même elle n'est pas la seule.

Je demande maintenant qu'on daigne réfuter ces raisons autrement que par des plaisanteries et des déclamations ;

que surtout on me montre entre les hommes et les femmes une différence naturelle, qui puisse légitimement fonder l'exclusion du droit.

L'égalité des droits établie entre les hommes, dans notre nouvelle constitution, nous a valu d'éloquentes déclamations et d'intarissables plaisanteries ; mais, jusqu'ici, personne n'a pu encore y opposer une seule raison, et ce n'est sûrement ni faute de talent, ni faute de zèle. J'ose croire qu'il en sera de même de l'égalité des droits entre les deux sexes. Il est assez singulier que dans un grand nombre de pays on ait cru les femmes incapables de toute fonction publique, et dignes de la royauté ; qu'en France une femme ait pu être régente, et que jusqu'en 1776 elle ne pût être marchande de modes à Paris[1] ; qu'enfin, dans les assemblées électives de nos bailliages, on ait accordé au droit du fief, ce qu'on refusait au droit de la nature. Plusieurs de nos députés nobles doivent à des dames, l'honneur de siéger parmi les représentants de la nation. Pourquoi, au lieu d'ôter ce droit aux femmes propriétaires de fiefs, ne pas l'étendre à toutes celles qui ont des propriétés, qui sont chefs de maison ? Pourquoi, si l'on trouve absurde d'exercer par procureur le droit de cité, enlever ce droit aux femmes, plutôt que de leur laisser la liberté de l'exercer en personne ?

Article paru dans le *Journal de la Société de 1789*, le 3 juillet 1790.

1. Avant la suppression des jurandes en 1776, les femmes ne pouvaient acquérir la maîtrise de marchandes de modes et de quelques autres des professions qu'elles exercent, si elles n'étaient mariées, ou si un homme ne leur prêtait ou ne leur vendait son nom, pour acquérir un privilège. Voyez le préambule de l'édit de 1776.

5.

Olympe de Gouges, née Marie Gouze (1748-1793)

> « Les femmes ont le droit de monter à l'échafaud. Elles doivent également avoir celui de monter à la tribune. »

L'entrée au Panthéon d'Olympe de Gouges, aux côtés de la mulâtresse Solitude, sa contemporaine antillaise, était inscrite il y a peu au programme d'une candidate à la présidence de la République. Un indice de célébrité pour une possible future icône de la nation : femme hors du commun vénérée aujourd'hui par les féministes, auteure prolifique, deuxième guillotinée de la Révolution après Marie-Antoinette et « citoyenne paradoxale » par excellence (Joan Scott).

Les écrits et la vie d'Olympe de Gouges ont été redécouverts grâce à la sagacité de Benoîte Groult et aux recherches patientes d'Olivier Blanc, mais leur aspect controversé (il l'est toujours) était connu de longue date. Le nombre et la diversité de ses œuvres, leurs thématiques et leurs supports (livrets de théâtre, affiches, feuilles volantes, livres), peuvent encore étonner : un roman autobiographique, des dizaines de pièces de théâtre, près d'une centaine de pamphlets et d'essais, qui ont pour principaux objets l'abolition de la traite négrière et l'égalité des sexes, ainsi que des projets de réformes variées qui concernent aussi bien les impôts, les colonies que le divorce et les filles-mères. Cette « femme auteur » d'origine occitane est née à Montauban, sans doute fille naturelle d'un écrivain aristocrate et d'une jolie bouchère, et elle est largement une autodidacte. Montée – jeune mère devenue veuve – à Paris, elle devient la compagne entretenue d'un homme qu'elle n'accepte pas d'épouser. Décidée à écrire pour le théâtre (un fait rare), elle se choisit un éclatant nom de plume, refusant et l'anonymat et le patronyme d'un homme. C'est là une décision tactique, différente de celle – virilisante – adoptée par George Sand, Daniel Sterne ou André Léo. Ses idées politiques et leur réception illustrent, cependant, toutes les contradictions d'un universalisme révolutionnaire, qui promet l'accès de tou(te)s aux droits civils et politiques, le dénie aux gens de couleur non libres et aux femmes et pratique la Terreur. Ses textes illustrent aussi certains des débats récurrents au sein même des féminismes : lutter pour une égalité universelle fondée sur des principes et/ou se prévaloir d'être un sexe opprimé ou « supérieur en beauté » (une différence essentialisante et potentiellement stigmatisante) pour obtenir des avantages sociaux concrets ; recourir à la persuasion ou mener des actions spectaculaires ; etc.

La drôlerie de la partie centrale de La Déclaration des droits de la femme et de la citoyenne *est efficace et annonce quelques-unes des reparties verbales inventées ailleurs par Olympe, notamment pour faire face à des agresseurs robespierristes : elle leur proposa de mettre sa tête à l'encan et ne cessant de surenchérir sur eux, fit rire tous les badauds. Parue deux ans après* La Déclaration des droits de l'homme et du citoyen *le 27 août 1789, la version de Gouges (14 septembre 1791) féminise tous les droits et devoirs liés à la citoyenneté en remplaçant par le mot « femme » celui d'« homme ». C'est là un moyen, proprement renversant, de prendre au mot les révolutionnaires et de les placer face à leurs contradictions en matière d'égalité.*

Mais le texte ne se contente pas de sexualiser les grands principes de 89. Il les précise ou les réoriente : la « Loi » (art. 9) est remplacée par « lois de la nature et de la raison » ; l'article XI est réécrit pour rappeler que la liberté d'aimer n'a pas les mêmes conséquences pour les hommes et les femmes ; l'article XVII insiste sur les inégalités devant l'héritage de ces dernières ; etc. Ce sont là des propositions sérieuses sous une forme parodique mais il est difficile de leur donner tout leur sens. Elles ne constituent qu'une des cinq parties d'un texte long et hétéroclite.

La « déclaration » à proprement parler est en effet précédée d'une adresse à la reine (transformée en patriote et en restauratrice de la morale) et d'un implacable prologue sur les droits des femmes ; elle est suivie aussi d'un « postambule » lucide sur les illusions de la séduction et les malheurs de la vieillesse au féminin ; quant à la quatrième partie, elle propose un « contrat social » qui redéfinit le mariage à la manière de notre PACS actuel tout en rappelant à l'ordre les maîtres qui engrossent leurs servantes ; enfin les dernières pages énumèrent, sans les hiérarchiser, toute une série de problèmes sociaux et politiques qui agitent le monde intellectuel depuis une ou deux décennies : mariage des prêtres, prostitution, santé du corps, colonisation et esclavage, liens du législatif et de l'exécutif et – préoccupation personnelle de Gouges ? – réglementation des cochers parisiens et autres conducteurs de fiacres (ou « sapins »).

Aucun écho ne nous est parvenu de l'accueil fait à ce texte audacieux et singulier, devenu aujourd'hui une bizarre machine à rêves. Malgré (à cause de ?) son originalité, la Déclaration *fut ignorée en son temps. Abondamment citée de nos jours, elle l'est généralement de façon incomplète et au nom d'une cause féministe en quête de martyres. « Je suis un animal sans pareil, je ne suis ni homme ni femme », lit-on dans l'autoportrait de Polyme/Olympe du* Pronostic sur Maximilien Robespierre, par un animal amphibie, *en novembre 1792. C'est en effet son* engagement *public (fédéraliste et antirobespierriste) qui a mené Olympe à l'échafaud et non ses affirmations favorables aux femmes. N'oublions pas que, pour un journaliste du* Moniteur universel, *la guillotinée du 3 novembre 1793, « née avec une imagination exaltée, prit son délire pour une inspiration de la nature. Elle voulut être homme d'État et il semble que la loi ait puni cette conspiratrice d'avoir oublié les vertus qui conviennent à son sexe ».*

Madame,

Peu faite au langage que l'on tient aux Rois, je n'emploierai point l'adulation des Courtisans pour vous faire hommage de cette singulière production. Mon but, Madame, est de vous parler franchement ; je n'ai pas attendu, pour m'exprimer ainsi, l'époque de la liberté : je me suis montrée avec la même énergie dans un temps où l'aveuglement des despotes punissait une si noble audace.

Lorsque tout l'Empire vous accusait et vous rendait responsable de ses calamités, moi seule, dans un temps de trouble et d'orage, j'ai eu la force de prendre votre défense. Je n'ai jamais pu me persuader qu'une Princesse, élevée au sein des grandeurs, eût tous les vices de la bassesse.

Oui, Madame, lorsque j'ai vu le glaive levé sur vous, j'ai jeté mes observations entre ce glaive et la victime ; mais aujourd'hui que je vois qu'on observe de près la foule de mutins soudoyée, et qu'elle est retenue par la crainte des lois, je vous dirai, Madame, ce que je ne vous aurais pas dit alors.

Si l'étranger porte le fer en France, vous n'êtes plus à mes yeux cette Reine faussement inculpée, cette Reine intéressante, mais une implacable ennemie des Français. Ah ! Madame, songez que vous êtes mère et épouse ; employez tout votre crédit pour le retour des Princes. Ce crédit, si sagement appliqué, raffermit la couronne du père, la conserve au fils, et vous réconcilie l'amour des Français. Cette digne négociation est le vrai devoir d'une Reine. L'intrigue, la cabale, les projets sanguinaires précipiteraient votre chute, si l'on pouvait vous soupçonner capable de semblables desseins.

Qu'un plus noble emploi, Madame, vous caractérise, excite votre ambition, et fixe vos regards. Il n'appartient qu'à celle que le hasard a élevée à une place éminente, de donner du poids à l'essor des Droits de la Femme, et d'en accélérer les succès. Si vous étiez moins instruite, Madame, je pourrais craindre que vos intérêts particuliers ne l'emportassent sur ceux de votre sexe. Vous aimez la gloire : songez, Madame, que les plus grands crimes s'immortalisent comme les plus grandes vertus ; mais quelle différence de célébrité dans les fastes de l'histoire ! l'une est sans cesse prise pour exemple, et l'autre est éternellement l'exécration du genre humain.

On ne vous fera jamais un crime de travailler à la restauration des mœurs, à donner à votre sexe toute la consistance dont il est susceptible. Cet ouvrage n'est pas le travail d'un jour, malheureusement pour le nouveau régime. Cette Révolution ne s'opérera que quand toutes les femmes seront pénétrées de leur déplorable sort, et des droits qu'elles ont perdus dans la société.

Soutenez, Madame, une si belle cause ; défendez ce sexe malheureux, et vous aurez bientôt pour vous une moitié du Royaume, et le tiers au moins de l'autre.

Voilà, Madame, voilà par quels exploits vous devez vous signaler et employer votre crédit, croyez-moi,

Madame, notre vie est bien peu de chose, surtout pour une Reine, quand cette vie n'est pas embellie par l'amour des Peuples et par les charmes éternels de la bienfaisance...

S'il est vrai que des Français arment contre leur patrie toutes puissances ; pourquoi ? pour de frivoles prérogatives, pour des chimères. Croyez, Madame, si j'en juge par ce que je sens, le parti monarchique se détruira de lui-même, qu'il abandonnera tous les tyrans, et tous les cœurs se rallieront autour de la Patrie pour la défendre.

Voilà, Madame, voilà quels sont mes principes. En vous parlant de ma Patrie, je perds de vue le but de cette dédicace. C'est ainsi que tout bon Citoyen sacrifie sa gloire, ses intérêts, quand il n'a pour objet que ceux de son pays.

Je suis avec le plus profond respect, Madame, votre très humble et très obéissante servante,

De Gouges.

Homme, es-tu capable d'être juste ? C'est une femme qui t'en fait la question ; tu ne lui ôteras pas du moins ce droit. Dis-moi ? Qui t'a donné le souverain empire d'opprimer mon sexe ? ta force ? tes talents ? Observe le créateur dans sa sagesse ; parcours la nature dans toute sa grandeur, dont tu sembles vouloir te rapprocher, et donne-moi, si tu l'oses, l'exemple de cet empire tyrannique[1].

Remonte aux animaux, consulte les éléments, étudie les végétaux, jette enfin un coup d'œil sur toutes les modifications de la matière organisée ; et rends-toi à l'évidence quand je t'en offre les moyens ; cherche, fouille et distingue, si tu peux, les sexes dans l'administration de

1. De Paris au Pérou, du Japon jusqu'à Rome, le plus sot animal, à mon avis, c'est l'homme.

la nature. Partout tu les trouveras confondus, partout ils coopèrent avec un ensemble harmonieux à ce chef-d'œuvre immortel.

L'homme seul s'est fagoté un principe de cette exception. Bizarre, aveugle, boursouflé de sciences et dégénéré, dans ce siècle de lumières et de sagacité, dans l'ignorance la plus crasse, il veut commander en despote sur un sexe qui a reçu toutes les facultés intellectuelles ; il prétend jouir de la Révolution, et réclamer ses droits à l'égalité, pour ne rien dire de plus.

DÉCLARATION DES DROITS DE LA FEMME ET DE LA CITOYENNE

À décréter par l'Assemblée nationale dans ses dernières séances ou dans celle de la prochaine législature.

Préambule

Les mères, les filles, les sœurs, représentantes de la nation, demandent d'être constituées en assemblée nationale. Considérant que l'ignorance, l'oubli ou le mépris des droits de la femme, sont les seules causes des malheurs publics et de la corruption des gouvernements, ont résolu d'exposer dans une déclaration solennelle les droits naturels, inaliénables et sacrés de la femme, afin que cette déclaration, constamment présente à tous les membres du corps social, leur rappelle sans cesse leurs devoirs, afin que les actes du pouvoir des femmes, et ceux du pouvoir des hommes pouvant être à chaque instant comparés avec le but de toute institution politique, en soient plus respectés, afin que les réclamations des citoyennes, fondées désormais sur des principes simples et incontestables, tournent toujours au maintien de la constitution, des bonnes mœurs, et au bonheur de tous.

En conséquence, le sexe supérieur en beauté comme en courage, dans les souffrances maternelles, reconnaît et déclare, en présence et sous les auspices de l'Être suprême, les Droits suivants de la Femme et de la Citoyenne.

Article premier – La Femme naît libre et demeure égale à l'homme en droits. Les distinctions sociales ne peuvent être fondées que sur l'utilité commune.

II. – Le but de toute association politique est la conservation des droits naturels et imprescriptibles de la Femme et de l'Homme : ces droits sont la liberté, la propriété, la sûreté, et surtout la résistance à l'oppression.

III. – Le principe de toute souveraineté réside essentiellement dans la Nation, qui n'est que la réunion de la Femme et de l'Homme : nul corps, nul individu, ne peut exercer d'autorité qui n'en émane expressément.

IV. – La liberté et la justice consistent à rendre tout ce qui appartient à autrui ; ainsi l'exercice des droits naturels de la femme n'a de bornes que la tyrannie perpétuelle que l'homme lui oppose ; ces bornes doivent être réformées par les lois de la nature et de la raison.

V. – Les lois de la nature et de la raison défendent toutes actions nuisibles à la société : tout ce qui n'est pas défendu par ces lois, sages et divines, ne peut être empêché, et nul ne peut être contraint à faire ce qu'elles n'ordonnent pas.

VI. – La Loi doit être l'expression de la volonté générale ; toutes les Citoyennes et Citoyens doivent concourir personnellement ou par leurs représentants, à sa formation ; elle doit être la même pour tous : toutes les Citoyennes et tous les Citoyens, étant égaux à ses yeux, doivent être également admissibles à toutes dignités, places et emplois publics, selon leurs capacités, et sans autres distinctions que celles de leurs vertus et de leurs talents.

VII. – Nulle femme n'est exceptée ; elle est accusée, arrêtée, et détenue dans les cas déterminés par la Loi. Les femmes obéissent comme les hommes à cette Loi rigoureuse.

VIII. – La Loi ne doit établir que des peines strictement et évidemment nécessaires, et nul ne peut être puni qu'en vertu d'une Loi établie et promulguée antérieurement au délit et légalement appliquée aux femmes.

IX. – Toute femme étant déclarée coupable, toute rigueur est exercée par la Loi.

X. – Nul ne doit être inquiété pour ses opinions mêmes fondamentales. La femme a le droit de monter sur l'échafaud ; elle doit avoir également celui de monter à la Tribune, pourvu que ses manifestations ne troublent pas l'ordre public établi par la Loi.

XI. – La libre communication des pensées et des opinions est un des droits les plus précieux de la femme, puisque cette liberté assure la légitimité des pères envers les enfants. Toute Citoyenne peut donc dire librement, je suis mère d'un enfant qui vous appartient, sans qu'un préjugé barbare la force à dissimuler la vérité, sauf à répondre de l'abus de cette liberté dans les cas déterminés par la Loi.

XII. – La garantie des droits de la femme et de la Citoyenne nécessite une utilité majeure ; cette garantie doit être instituée pour l'avantage de tous, et non pour l'utilité particulière de celles à qui elle est confiée.

XIII. – Pour l'entretien de la force publique, et pour les dépenses d'administration, les contributions de la femme et de l'homme sont égales : elle a part à toutes les corvées, à toutes les tâches pénibles ; elle doit donc avoir de même part à la distribution des places, des emplois, des charges, des dignités et de l'industrie.

XIV. – Les Citoyennes et Citoyens ont le droit de constater par eux-mêmes ou par leurs représentants la nécessité de la contribution publique. Les Citoyennes ne peuvent y adhérer que par l'admission d'un partage égal, non seulement dans la fortune, mais encore dans l'administration publique, et de déterminer la quotité, l'assiette, le recouvrement et la durée de l'impôt.

XV. – La masse des femmes, coalisée pour la contribution à celle des hommes, a le droit de demander compte, à tout agent public, de son administration.

XVI. – Toute société, dans laquelle la garantie des droits n'est pas assurée, ni la séparation des pouvoirs déterminée, n'a point de constitution ; la constitution est nulle, si la majorité des individus qui composent la Nation n'a pas coopéré à sa rédaction.

XVII. – Les propriétés sont à tous les sexes réunis ou séparés ; elles ont pour chacun un droit inviolable et sacré ; nul ne peut en être privé comme vrai patrimoine de la nature, si ce n'est lorsque la nécessité publique, légalement constatée, l'exige évidemment, et sous la condition d'une juste et préalable indemnité.

Postambule

Femme, réveille-toi ; le tocsin de la raison se fait entendre dans tout l'univers ; reconnais tes droits. Le puissant empire de la nature n'est plus environné de préjugés, de fanatisme, de superstition et de mensonges. Le flambeau de la vérité a dissipé tous les nuages de la sottise et de l'usurpation. L'homme esclave a multiplié ses forces, a eu besoin de recourir aux tiennes pour briser ses fers. Devenu libre, il est devenu injuste envers sa compagne. Ô femmes ! femmes, quand cesserez-vous d'être aveugles ? Quels sont les avantages que vous avez recueillis dans la révolution ? Un mépris plus marqué, un dédain plus signalé. Dans les siècles de corruption vous n'avez régné que sur la faiblesse des hommes. Votre empire est détruit ; que vous reste-t-il donc ? La conviction des injustices de l'homme. La réclamation de votre patrimoine, fondée sur les sages décrets de la nature ; qu'auriez-vous à redouter pour une si belle entreprise ? le bon mot du Législateur des noces de Cana ? Craignez-vous que nos Législateurs Français, correcteurs de cette morale, longtemps accrochée aux branches de la politique, mais qui n'est plus de saison, ne vous répètent : femmes, qu'y a-t-il de commun entre vous et nous ? Tout, auriez-vous à répondre. S'ils s'obstinaient, dans leur faiblesse, à mettre cette inconséquence en contradiction avec leurs principes, opposez courageusement la force de la raison aux vaines prétentions de supériorité ; réunissez-vous sous les étendards de la philosophie ; déployez toute l'énergie de votre caractère, et vous verrez bientôt ces orgueilleux, non serviles adorateurs rampant à vos pieds, mais fiers de partager avec vous les trésors de l'Être suprême. Quelles que soient les barrières que l'on vous oppose, il est en votre pouvoir de les affranchir ; vous n'avez qu'à le vouloir. Passons maintenant à l'effroyable tableau de ce que vous avez été dans la société ; et puisqu'il est question, en ce moment, d'une éducation nationale, voyons si nos sages Législateurs penseront sainement sur l'éducation des femmes.

Les femmes ont fait plus de mal que de bien. La contrainte et la dissimulation ont été leur partage. Ce que la force leur avoit ravi, la ruse leur a rendu ; elles ont eu recours à toutes les ressources de leurs charmes, et le plus irréprochable ne leur résistait pas. Le poison, le fer, tout leur était soumis ; elles commandaient au crime comme à la vertu. Le gouvernement français, surtout, a dépendu, pendant des siècles, de l'administration nocturne des femmes ; le cabinet n'avait point de secret pour leur indiscrétion ; ambassade, commandement, ministère, présidence, pontificat[1], cardinalat ; enfin tout ce qui caractérise la sottise des hommes, profane et sacré, tout a été soumis à la cupidité et à l'ambition de ce sexe autrefois méprisable et respecté, et depuis la révolution, respectable et méprisé.

Dans cette sorte d'antithèse, que de remarques n'ai-je point à offrir ! Je n'ai qu'un moment pour les faire, mais ce moment fixera l'attention de la postérité la plus reculée. Sous l'Ancien Régime, tout était vicieux, tout était coupable ; mais ne pourrait-on pas apercevoir l'amélioration des choses dans la substance même des vices ? Une femme n'avait point besoin que d'être belle ou aimable ; quand elle possédait ces deux avantages, elle voyait cent fortunes à ses pieds. Si elle n'en profitait pas, elle avait un caractère bizarre, ou une philosophie peu commune qui la portait aux mépris des richesses ; alors elle n'était plus considérée que comme une mauvaise tête. La plus indécente se faisait respecter avec de l'or, le commerce des femmes était une espèce d'industrie reçue dans la première classe, qui, désormais, n'aura plus de crédit. S'il en avait encore, la révolution serait perdue, et sous de nouveaux rapports, nous serions toujours corrompus ; cependant la raison peut-elle se dissimuler que tout autre chemin à la fortune est fermé à la femme que l'homme achète, comme l'esclave sur les côtes d'Afrique ? La différence est grande ; on le sait. L'esclave commande au maître ; mais si le maître lui donne la liberté sans récompense, et à un âge où l'esclave a perdu tous ses charmes, que devient cette infortunée ?

1. M. de Bernis, de la façon de Mme de Pompadour.

Le jouet du mépris ; les portes mêmes de la bienfaisance lui sont fermées ; elle est pauvre et vieille, dit-on, pourquoi n'a-t-elle pas su faire fortune ? D'autres exemples encore plus touchants s'offrent à la raison. Une jeune personne sans expérience, séduite par un homme qu'elle aime, abandonnera ses parents pour le suivre ; l'ingrat la laissera après quelques années, et plus elle aura vieilli avec lui, plus son inconstance sera inhumaine ; si elle a des enfants, il l'abandonnera de même. S'il est riche, il se croira dispensé de partager sa fortune avec ses nobles victimes. Si quelque engagement le lie à ses devoirs, il en violera la puissance en espérant tout des lois. S'il est marié, tout autre engagement perd ses droits. Quelles lois restent-il [*sic*] donc à faire pour extirper le vice jusque dans la racine ? Celle du partage des fortunes entre les hommes et les femmes, et de l'administration publique. On conçoit aisément que celle qui est née d'une famille riche gagne beaucoup avec l'égalité des partages. Mais celle qui est née d'une famille pauvre, avec du mérite et des vertus, quel est son lot ? La pauvreté et l'opprobre. Si elle n'excelle pas précisément en musique ou en peinture, elle ne peut être admise à aucune fonction publique, quand elle en aurait toute la capacité. Je ne veux donner qu'un aperçu des choses ; je les approfondirai dans la nouvelle édition de tous mes ouvrages politiques que je me propose de donner au public dans quelques jours, avec des notes.

Je reprends mon texte quant aux mœurs. Le mariage est le tombeau de la confiance et de l'amour. La femme mariée peut impunément donner des bâtards à son mari, et la fortune qui ne leur appartient pas. Celle qui ne l'est pas n'a qu'un faible droit : les lois anciennes et inhumaines lui refusaient ce droit sur le nom et sur le bien de leur père, pour ses enfants, et l'on n'a pas fait de nouvelles lois sur cette matière. Si tenter de donner à mon sexe une consistance honorable et juste est considéré dans ce moment comme un paradoxe de ma part, et comme tenter l'impossible, je laisse aux hommes à venir la gloire de traiter cette matière ; mais, en attendant, on peut la préparer par l'éducation nationale, par la restauration des mœurs et par les conventions conjugales.

Forme du Contrat social de l'Homme et de la Femme

Nous *N* et *N*, mus par notre propre volonté, nous unissons pour le terme de notre vie, et pour la durée de nos penchants mutuels, aux conditions suivantes : nous entendons et voulons mettre nos fortunes en communauté, en nous réservant cependant le droit de les séparer en faveur de nos enfants, et de ceux que nous pourrions avoir d'une inclination particulière, reconnaissant mutuellement que notre bien appartient directement à nos enfants, de quelque lit qu'ils sortent, et que tous indistinctement ont le droit de porter le nom des pères et mères qui les ont avoués, et nous imposons de souscrire à la loi qui punit l'abnégation de son propre sang. Nous nous obligeons également, au cas de séparation, de faire le partage de notre fortune, et de prélever la portion de nos enfants indiquée par la loi ; et, au cas d'union parfaite, celui qui viendrait à mourir, se désisterait de ses propriétés en faveur de ses enfants ; et si l'un mourait sans enfants, le survivant hériterait de droit, à moins que le mourant n'ait disposé de la moitié du bien commun en faveur de qui il jugerait à propos.

Voilà à peu près la formule de l'acte conjugal dont je propose l'exécution. À la lecture de ce bizarre écrit, je vois s'élever contre moi les tartuffes, les bégueules, le clergé et toute la séquelle infernale. Mais combien il offrira aux sages de moyens moraux pour arriver à la perfectibilité d'un gouvernement heureux ! J'en vais donner en peu de mots la preuve physique. Le riche épicurien sans enfants trouve fort bon d'aller chez son voisin pauvre augmenter sa famille. Lorsqu'il y aura une loi qui autorisera la femme du pauvre à faire adopter au riche ses enfants, les liens de la société seront plus resserrés, et les mœurs plus épurées. Cette loi conservera peut-être le bien de la communauté, et retiendra le désordre qui conduit tant de victimes dans les hospices de l'opprobre, de la bassesse et de la dégénération des principes humains où, depuis longtemps, gémit la nature. Que les détracteurs de la saine philosophie cessent donc de se récrier contre les mœurs primitives, ou qu'ils aillent se perdre dans la source de leurs citations.

Je voudrais encore une loi qui avantageât les veuves et les demoiselles trompées par les fausses promesses d'un homme à qui elles se seraient attachées ; je voudrais, dis-je, que cette loi forçât un inconstant à tenir ses engagements, ou à une indemnité proportionnée à sa fortune. Je voudrais encore que cette loi fût rigoureuse contre les femmes, du moins pour celles qui auraient le front de recourir à une loi qu'elles auraient elles-mêmes enfreinte par leur inconduite, si la preuve en était faite. Je voudrais, en même temps, comme je l'ai exposée [*sic*] dans le bonheur primitif de l'homme, en 1788, que les filles publiques fussent placées dans des quartiers désignés. Ce ne sont pas les femmes publiques qui contribuent le plus à la dépravation des mœurs, ce sont les femmes de la société. En restaurant les dernières, on modifie les premières. Cette chaîne d'union fraternelle offrira d'abord le désordre, mais par les suites, elle produira à la fin un ensemble parfait.

J'offre un moyen invincible pour élever l'âme des femmes ; c'est de les joindre à tous les exercices de l'homme : si l'homme s'obstine à trouver ce moyen impraticable, qu'il partage sa fortune avec la femme, non à son caprice, mais par la sagesse des lois. Le préjugé tombe, les mœurs s'épurent et la nature reprend tous ses droits. Ajoutez-y le mariage des prêtres ; le Roi, raffermi sur son trône, et le gouvernement français ne saurait plus périr.

Il était bien nécessaire que je dise quelques mots sur les troubles que cause, dit-on, le décret en faveur des hommes de couleur, dans nos îles. C'est là où la nature frémit d'horreur ; c'est là où la raison et l'humanité n'ont pas encore touché les âmes endurcies ; c'est là surtout où la division et la discorde agitent leurs habitants. Il n'est pas difficile de deviner les instigateurs de ces fermentations incendiaires : il y en a dans le sein même de l'Assemblée nationale : ils allument en Europe le feu qui doit embraser l'Amérique. Les Colons prétendent régner en despotes sur des hommes dont ils sont les pères et les frères ; et méconnaissant les droits de la nature, ils en poursuivent la source jusque dans la plus petite teinte de leur sang. Ces Colons inhumains disent : notre sang circule dans leurs veines, mais nous le répandrons tout s'il le faut pour assouvir notre cupidité ou notre aveugle ambition. C'est dans ces lieux les plus près de la nature, que le père méconnaît le fils ; sourd aux cris du sang, il en étouffe tous les charmes ; que peut-on espérer de la résistance qu'on lui oppose ? La contraindre avec violence, c'est la rendre terrible ; la laisser encore dans les fers, c'est acheminer toutes les calamités vers l'Amérique. Une main divine semble répandre partout l'apanage de l'homme, la liberté ; la loi seule a le droit de réprimer cette liberté, si elle dégénère en licence ; mais elle doit être la même pour tous ; c'est elle surtout qui doit renfermer l'Assemblée nationale dans son décret, dicté par la prudence et par la justice. Puisse-t-elle agir de même pour l'état de la France, et se rendre aussi attentive sur les nouveaux abus, comme elle l'a été sur les anciens qui deviennent chaque jour plus effroyables ! Mon opinion serait encore de raccommoder le pouvoir exécutif avec le pouvoir législatif, car il me semble que l'un est tout, et que l'autre n'est rien ; d'où naîtra, malheureusement peut-être, la perte de l'Empire français. Je considère ces deux pouvoirs comme l'homme et la femme qui doivent être unis, mais égaux en force et en vertu, pour faire bon ménage.

Il est donc vrai que nul individu ne peut échapper à son sort ; j'en fais l'expérience aujourd'hui.

J'avais résolu et décidé de ne pas me permettre le plus petit mot pour rire dans cette production ; mais le sort en a décidé autrement : voici le fait :

L'économie n'est point défendue, surtout dans ce temps de misère. J'habite la campagne. Ce matin à huit heures, je suis partie d'Auteuil, et me suis acheminée vers la route qui conduit de Paris à Versailles, où l'on trouve souvent ces fameuses guinguettes qui ramassent les passants à peu de frais. Sans doute une mauvaise étoile me poursuivait dès le matin. J'arrive à la barrière où je ne trouve pas même le triste sapin aristocrate. Je me repose sur les marches de cet édifice insolent qui recevait des commis. Neuf heures sonnent, et je continue mon chemin : une voiture s'offre à mes regards, j'y prends place, et j'arrive à neuf heures un quart, à deux montres différentes, au Pont-Royal. J'y prends le sapin, et je vole chez mon Imprimeur, rue Christine, car je ne peux aller que là, si matin : en corrigeant mes épreuves, il me reste toujours quelque chose à faire si les pages ne sont pas bien serrées et remplies. Je reste à peu près vingt minutes ; et fatiguée de marche, de composition et d'impression, je me propose d'aller prendre un bain dans le quartier du Temple, où j'allais dîner. J'arrive à onze heures moins un quart à la pendule du bain ; je devais donc au cocher une heure et demie ; mais, pour ne pas avoir de dispute avec lui, je lui offre 48 sols : il exige plus, comme d'ordinaire ; il fait du bruit. Je m'obstine à ne vouloir plus lui donner que son dû, car l'être équitable aime mieux être généreux que dupe. Je le menace de la loi ; il me dit qu'il s'en moque et que je lui payerai deux heures. Nous arrivons chez un commissaire de paix, que j'ai la générosité de ne pas nommer, quoique l'acte d'autorité qu'il s'est permis envers moi mérite une dénonciation formelle. Il ignorait sans doute que la femme qui réclamait sa justice était la femme auteur de tant de bienfaisance et d'équité. Sans avoir égard à mes raisons, il me condamne impitoyablement à payer au cocher ce qu'il demandait. Connaissant mieux la loi que lui, je lui dis, Monsieur, je m'y refuse, et je vous prie de faire attention que vous n'êtes pas dans le principe de votre charge. Alors, cet homme ou, pour mieux dire, ce forcené, s'emporte, me menace de la Force si je ne paye pas à l'instant, ou de rester toute la journée dans son bureau. Je lui demande de me faire conduire au tribunal de département ou à la mairie, ayant à me plaindre de son coup d'autorité. Le grave magistrat, en redingote poudreuse et dégoûtante comme sa conversation, m'a dit plaisamment : cette affaire ira sans doute à l'Assemblée nationale ! Cela se pourrait bien, lui dis-je ; et je m'en fus, moitié furieuse et moitié riant du jugement de ce moderne Bride-Oison : c'est donc là l'espèce d'homme qui doit juger un peuple éclairé ! On ne voit que cela. Semblables aventures arrivent indistinctement aux bons patriotes, comme aux mauvais. Il n'y a qu'un cri sur les désordres des sections et des tribunaux. La justice ne se rend pas ; la loi est méconnue et la police se fait, Dieu sait comment. On ne peut plus retrouver les cochers à qui l'on confie des effets ; ils changent les numéros à leur fantaisie, et plusieurs personnes, ainsi que moi, ont fait des pertes considérables dans les voitures. Sous l'Ancien Régime, quel que fût son brigandage, on trouvait la trace de ses pertes, en faisant un appel nominal des cochers, et par l'inspection exacte des numéros ; enfin on était en sûreté. Que font ces juges de paix ? que font ces commissaires, ces inspecteurs du nouveau régime ? Rien que des sottises et des monopoles. L'Assemblée nationale doit fixer toute son attention sur cette partie qui embrasse l'ordre social.

P.S. : Cet ouvrage était composé depuis quelques jours ; il a été retardé encore à l'impression ; et au moment que M. Talleyrand, dont le nom sera toujours cher à la postérité, venant de donner son ouvrage sur les principes de l'éducation nationale, cette production était déjà sous la presse. Heureuse si je me suis rencontrée avec les vues de cet orateur ! Cependant je ne puis m'empêcher d'arrêter la presse, et de faire éclater la pure joie, que mon cœur a ressenti à la nouvelle que le roi venait d'accepter la Constitution, et que l'assemblée nationale, que j'adore actuellement, sans excepter l'abbé Maury ; et la Fayette est un dieu, avait proclamé d'une voix unanime une amnistie générale. Providence divine, fais que cette joie publique ne soit pas une fausse illusion ! Renvoie-nous, en corps, tous nos fugitifs, et que je puisse avec un peuple aimant voler sur leur passage ; et dans ce jour solennel, nous rendrons tous hommage à ta puissance.

6.

Charles Fourier
(1772-1837)

> « Ils ne voudraient chez les jeunes personnes, d'autre goût que celui d'écumer le pot-au-feu ; […] ils ne sont occupés qu'à contrarier l'amour du plaisir. »
>
> *Traité*, 1808

« Rêveur sublime » selon Stendhal, Charles Fourier aurait été le précurseur de la « libération sexuelle » et un « utopiste » (Engels), qualificatif qu'il récusait, lui préférant celui d'« inventeur » d'un nouvel ordre social.

Sa critique sévère du mariage monogame et de l'asservissement des femmes s'inscrit dans un modèle théorique de société, l'Harmonie, qui doit succéder à la Civilisation et que précisent longuement les cahiers du Nouvel Ordre amoureux, *édités en 1967 seulement et jugés inconvenants par ses disciples eux-mêmes. Dès la publication – anonyme – en 1808 du* Traité des quatre mouvements et des destinées générales, *Fourier réécrit l'histoire de l'humanité et la divise en périodes marquées par un statut différent des femmes : édénisme, sauvagerie, patriarcat, barbarie, avant l'actuelle Civilisation, puis les moments de transition (6*e *et 7*e *périodes) qui précéderont l'égalité absolue. La mise en évidence de l'absurdité du mariage indissoluble est l'aspect féministe le plus impitoyable (Michel Bozon) de ce philosophe économiste aux moyens modestes mais aux idées radicales. Ne plaça-t-il* *pas, au centre de son utopie, le* phalanstère, *un petit groupe de travailleurs et travailleuses associés dans une sorte de coopérative ?*

Observateur des réalités matrimoniales françaises de son temps, Fourier l'est aussi des usages propres à d'autres pays (les sérails turcs, l'Angleterre et la coutume de « la vente des femmes » à l'encan, encore attestée à la fin du XIXe siècle) et, comme Diderot, il idéalise les mœurs des îles du Pacifique (Tahiti/Otahiti) découvertes par Bougainville et Cook. Ces cas permettent d'opposer à la sagesse des peuples lointains la sauvagerie de ces « civilisés » qui font des femmes de pures marchandises, abandonnées aux lois du marché et, comme telles, délaissées lors même que toutes ont droit à leur part de jouissance physique et à une véritable… éducation.

Charles Fourier est le type même de l'« utopiste », avec les deux caractères qui s'attachent ordinairement à ce terme : d'une part le projet social qu'il propose est si étrange et même parfois si extravagant qu'il n'est proprement d'« aucun lieu » – ce qui est le sens étymologique du mot « utopie » – ; mais, d'autre part, son auteur, qu'il en soit ou non conscient, élève une construction imaginaire qui dépend très fortement de l'état social réel dont elle se veut la subversion. Ceci est particulièrement clair dans le cas des passages traitant des relations entre les sexes. Fourier en effet trouve sans conteste intolérable la sujétion des femmes, et elle lui paraît aller contre la nature. *La réglementation qu'il propose entend donc établir entre les individus des relations naturelles, et c'est encore l'un des caractères fréquents des utopies que de viser cet oxymore qu'est une législation naturelle. Or la « nature », pour lui, pousse à l'assouvissement du désir sexuel, conçu comme un accomplissement dont la frustration est préjudiciable à la santé. Les femmes insatisfaites sexuellement sont « dénaturées » au point de devenir incapables de quoi que ce soit, y compris de tenir leur ménage. L'aspect le plus remarquable de l'analyse de Fourier est donc son versant négatif. Ainsi sa critique ravageuse de l'hypocrisie du mariage de son époque, du « machiavélisme conjugal » qui fait des femmes « des mécaniques à mensonge » et son appréciation réaliste, voire cynique, de ce que recouvre effectivement le discours moralisateur dominant, suffisent à ranger son ouvrage parmi les productions « féministes ». Son tableau nous montre des femmes s'efforçant d'exercer au mieux une liberté sexuelle que Fourier juge naturelle, ce que font déjà de larges secteurs – insoumis – du corps social, notamment les « petites bourgeoises ».*

Mais le poids de la réalité sociale existante cède le pas quand Fourier se livre à son penchant favori, celui de diviser les humains en classes. Les femmes, selon la nature et l'étendue de leurs besoins sexuels, devraient être réparties en trois classes : les Épouses qui ont choisi la monogamie, les Damoiselles ou demi-Dames qui ont plusieurs relations monogames successives et les Galantes qui jouissent d'une liberté plus grande. Chaque classe se diviserait en sections, ainsi les Épouses seront constantes, douteuses ou infidèles, etc. Derrière cette construction fantastique, on devine évidemment toujours l'ombre du mariage monogame exclusif tendant à la procréation. Et d'abord parce que, quoi qu'en dise Fourier, sa liste des classes de femmes est bel et bien une liste axiologique, à tel point que c'est par peur de tomber de la première dans la deuxième classe que les Épouses réfléchiront à deux fois avant de commettre l'adultère. Mais aussi parce que le problème principal qu'entend résoudre Fourier, c'est qu'aucune jeune fille ne soit « délaissée », c'est-à-dire ne trouve de partenaire. Enfin Fourier est trahi par son vocabulaire lui-même. Quand il parle des Damoiselles qui peuvent changer de « possesseurs », *quand il enjoint de* « mettre en circulation » *les femmes selon leurs vœux, quand il déplore que les femmes deviennent mauvaises ménagères « pour peu que l'époux n'ait pas l'habileté de* les conduire à la guide » *ou quand il édicte que la maison sera bien tenue si la femme est sexuellement satisfaite, Fourier idéalise en fait indirectement le mariage bourgeois qu'il abhorre.*

Remarquons enfin la vaste fresque historique, fréquente dans les ouvrages de ce temps qui montrent que le degré de civilisation dépend du rôle culturel accordé aux femmes. Ici il se mesure aussi à leur degré de liberté sexuelle, avec ce magnifique sophisme fondé sur une homonymie : du fait que les progrès sociaux « s'opèrent en raison du progrès des femmes vers la liberté » (« raison » a alors son sens mathématique de « proportion »), Fourier infère que cette liberté est la « raison » (cause) des progrès sociaux.

L'AVILISSEMENT DES FEMMES ET LEURS CORRECTIFS SENSUELS*

Avilissement des femmes en Civilisation

Peut-on voir une ombre de justice dans le sort qui leur est dévolu ! La jeune fille n'est-elle pas une marchandise exposée en vente à qui veut en négocier l'acquisition et la propriété exclusive ? Le consentement qu'elle donne au lien conjugal n'est-il pas dérisoire, et forcé par la tyrannie des préjugés qui l'obsèdent dès son enfance ? On veut lui persuader qu'elle porte des chaînes tissées de fleurs ; mais peut-elle se faire illusion sur son avilissement, même dans les régions boursouflées de philosophie, telles que l'Angleterre, où les hommes jouissent du droit de conduire leur femme au marché, la corde au cou, et la livrer comme une bête de somme à qui veut en payer le prix ? Sur ce point, notre esprit public est-il plus avancé que dans ces siècles grossiers, où certain concile de Mâcon, vrai concile de Vandales, mit en délibération si les femmes avaient une âme ; et l'affirmative ne passa qu'à une majorité de trois voix. La législation anglaise, tant vantée par les moralistes, accorde aux hommes divers droits non moins déshonorants pour le sexe ; tel est le droit qu'a l'époux de se faire adjuger un dédommagement pécuniaire aux dépens de l'amant reconnu de son épouse. Les formes sont moins grossières en France, mais l'esclavage est au fond toujours le même. L'on y voit, comme partout, de jeunes filles languir, tomber malades et mourir faute d'une union que la nature commande impérieusement, et que le préjugé leur défend, sous peine de flétrissure, avant qu'elles n'aient été légalement vendues. Ces événements, quoique rares, sont encore assez fréquents pour attester l'esclavage du sexe faible, le mépris des volontés de la nature, et l'absence de toute justice à l'égard des femmes.

Parmi les indices qui promettaient d'heureux résultats de l'extension des privilèges féminins, il faut citer l'expérience de tous les pays. On a vu que les nations les meilleures furent toujours celles qui accordèrent aux femmes le plus de liberté : on l'a vu chez les barbares et sauvages, comme chez les civilisés. Les Japonais qui sont les plus industrieux, les plus braves et les plus honorables d'entre les barbares, sont aussi les moins jaloux et les plus indulgents pour les femmes ; à tel point que les magots de la Chine font le voyage du Japon pour s'y livrer à l'amour qui est interdit par leurs hypocrites coutumes.

Les Otahitiens, par la même raison, furent les meilleurs de tous les sauvages : aucune horde n'avait poussé si loin l'industrie, eu égard au peu de ressources qu'offrait leur pays. Les Français, qui sont les moins persécuteurs des femmes, sont aussi les meilleurs d'entre les civilisés, en ce qu'ils sont la nation la plus flexible, celle dont un souverain habile peut tirer en peu de temps le meilleur parti, dans tout emploi ; et malgré quelques défauts, tels que la frivolité, la présomption[1] individuelle et la malpropreté, ils sont pourtant la première nation civilisée, par le seul fait de la flexibilité, qui est le caractère le plus opposé à celui des barbares.

1. Le reproche de présomption n'est point applicable à la nation française, mais seulement aux individus ; la nation, collectivement prise, tombe dans le vice contraire, dans la défiance d'elle-même ; elle croit impossible toute entreprise confiée à elle seule ; le mot, *c'est impossible*, retentit en France dans toutes les bouches, et l'on peut surnommer les Français : *Nation des impossibles*. Ils n'admirent et n'estiment que les étrangers ; savant ou artiste a double valeur en France s'il est étranger. Aucune nation ne se plaît tant à molester ses grands hommes, de leur vivant : la France est l'enfer des savants. Il n'en est pas de même des autres contrées qui divinisent tout ce qu'elles ont produit. En Allemagne, tout écrivain passe de son vivant pour un grand homme ; au moindre succès on lui prodigue l'épithète de *célèbre*. Quant à la nation française, loin d'être présomptueuse, elle se prête à applaudir et imiter les vices des étrangers ; aussi a-t-on vu, en 1787, l'ancienne cour vouloir introduire dans la discipline militaire le noble usage des coups de bâton, pour imiter les Prussiens, dont elle s'était infatuée. Eh ! que de modes ridicules n'a-t-on pas empruntées aux Anglais, dont la cour était de même engouée ! Enfin les Français sont modestes, même à la guerre, où leurs succès nombreux pourraient leur inspirer de la présomption. L'on en a vu la preuve dans la dernière campagne, où les Prussiens s'abandonnaient aux fanfaronnades les plus indécentes ; il semblait, d'après les diatribes imprimées à Berlin, qu'une apparition, qu'un souffle des légions prussiennes allait anéantir l'armée française, qui s'avançait sans aucun[e] jactance, et sans que les feuilles françaises fissent entendre la moindre rodomontade. Ces particularités prouvent assez que la nation française n'est pas atteinte de présomption, mais du caractère opposé, qui est la défiance de soi-même et l'admiration des étrangers. Aussi nul peuple n'est-il plus hospitalier et plus honorable envers ses ennemis vaincus. Cependant les individus sont présomptueux et font étalage de ce vice, par leurs manières précieuses et leur ton de suffisance, par leur habitude de railleries et de jeu de mots. D'où vient donc ce contraste entre le caractère présomptueux des individus, et le caractère modeste, flexible de la nation ? J'en pourrais indiquer la cause et le remède, mais toutes vérités ne sont pas bonnes à dire.

On peut de même observer que les plus vicieuses nations ont toujours été celles qui asservissaient davantage les femmes : témoins les Chinois qui sont la lie du globe, le plus fourbe, le plus lâche, le plus affamé de tous les peuples industrieux ; aussi sont-ils les plus jaloux et les plus intolérants sur l'amour. Parmi les civilisés modernes, les moins indulgents pour le sexe ont été les Espagnols, aussi sont-ils restés en arrière des autres Européens, et n'ont-ils eu aucun lustre dans les sciences ni les arts. Quant aux hordes sauvages, leur examen prouverait que les plus vicieuses sont encore celles qui ont le moins d'égards pour le sexe faible, et chez qui la condition des femmes est la plus malheureuse.

En thèse générale : *Les progrès sociaux et changements de période s'opèrent en raison du progrès des femmes vers la liberté ; et les décadences d'ordre social s'opèrent en raison du décroissement de la liberté des femmes.*

D'autres événements influent sur ces vicissitudes politiques ; mais il n'est aucune cause qui produise aussi rapidement le progrès ou le déclin social, que le changement du sort des femmes. J'ai déjà dit que la seule adoption des sérails fermés nous rendrait en peu de temps barbares, et la seule ouverture des sérails ferait passer les barbares à la civilisation. En résumé, *l'extension des privilèges des femmes est le principe général de tous progrès sociaux.*

Correctifs qui auraient conduit en sixième période

Majorité amoureuse, corporations amoureuses : leurs résultats

Majorité amoureuse – Un très grand malheur pour notre globe, c'est que parmi les souverains civilisés, il ne se soit pas rencontré un seul ami des femmes, c'est-à-dire un prince juste envers les femmes. Quelques-uns ont été galants, mais il y a loin de la galanterie à l'équité dont je vais indiquer deux dispositions. Elles pourront sembler des germes de désordre, jusqu'à ce qu'on en connaisse l'influence.

La première mesure d'équité à l'égard des femmes, ç'aurait été de leur accorder une *majorité amoureuse* ; les affranchir à un certain âge de l'humiliation d'être exposées en vente, et obligées de se priver d'homme jusqu'à ce qu'un inconnu vienne les marchander et les épouser. J'estime qu'on aurait dû déclarer les femmes émancipées ou affranchies à l'âge de dix-huit ans, sauf les règlements convenables sur l'exercice de leurs amours.

À l'âge de dix-huit ans, une femme a passé quatre ans en pleine puberté ; c'est, je pense, un délai suffisant pour que les hommes de la ville ou du canton aient eu le temps de réfléchir et d'opter pour la prendre ou laisser.

Puisque les hommes veulent, d'après la loi du plus fort, qu'on interdise la jouissance à toute fille, pour réserver ses prémices au premier malotru qui viendra la marchander, ne doit-on pas assigner un sort à celles qui définitivement ne trouvent pas d'acquéreur ? Ne doit-on pas, après un essai de plusieurs années, les mettre en circulation, les autoriser à se pourvoir comme il leur plaira, et prendre légalement des amants, *qu'elles prennent de même sans cette permission* ? Celle qui n'a pas trouvé un mari pendant quatre ans d'exposition dans les bals et promenades, les grand-messes et sermons, risque fort de n'en trouver jamais ; les motifs qui ont écarté les maris subsisteront après, comme avant les quatre ans d'épreuve : d'ailleurs, si le mariage est utile en civilisation, il convient d'y exciter les hommes, par la crainte de perdre les prémices des femmes qu'ils laisseraient chômer au-delà de dix-huit ans.

Il serait d'autant plus sage de prendre un parti à l'égard des filles délaissées, que ce sont pour l'ordinaire les plus belles, les plus aptes à procréer de beaux enfants. On voit une multitude de belles femmes rester vacantes parce que leur beauté est un épouvantail pour les hommes qui redoutent le cocuage et font du mariage un calcul de raison, de jalousie et d'avarice. Ce machiavélisme conjugal fait chômer les demoiselles les plus distinguées, les plus capables de conduire un ménage. Il n'est rien de plus révoltant que de voir ces malheureuses filles dédaignées, parce qu'elles n'ont pas le poids de l'or en leur faveur. Eh ! comment leurs parents, qui les ont *sur les bras*, n'ont-ils pas avisé à proposer une réforme de coutumes si préjudiciables aux familles peu fortunées, qui sont les plus nombreuses et les plus dignes de protection !

D'après ces considérations, l'on devrait, en civilisation, distinguer les femmes en deux classes : les *jouvencelles* au-dessous de dix-huit ans, et les *émancipées* au-dessus de dix-huit ans. Elles acquerraient dès cet âge le droit de prendre des amants sauf les lois à faire sur le sort des enfants qui naîtraient de pareilles unions. (J'indiquerai ces lois dans un traité de 6e période, car ceci est mesure de 6e période.)

L'opinion s'unissait à la justice pour réclamer cette mesure. On sait que les jeunes filles qui atteignent vingt ans sans être mariées sont ridiculisées par les hommes. On se moque de leur abandon ; elles sont criblées de sarcasmes et de quolibets, et forcées par l'opinion à contrevenir à la loi, en prenant secrètement des amants. Les hommes sont si médisants, si injustes à l'égard des femmes, qu'ils les persiflent dans tous les cas, soit qu'elles aient gardé, soit qu'elles aient perdu leur virginité, après l'âge où ce fardeau devient trop pénible à porter.

Quels étaient les risques d'accorder aux femmes une liberté amoureuse après l'âge de dix-huit ans, et quels avantages a-t-on retirés du système oppressif des philosophes ? Avec leur méthode d'éducation cafarde, qui donne aux demoiselles une insouciance affectée pour l'amour, ils ne sont parvenus qu'à organiser le *cocuage universel.* Dès lors tout autre système plus conforme au vœu de la nature ne produirait guère plus de cocus qu'on n'en voit aujourd'hui. Et ne valait-il pas mieux, cornes pour cornes, essayer un ordre moins oppressif, moins avilissant pour les femmes ? Sans doute, car la liberté amoureuse développe de précieuses qualités chez les classes qui en jouissent le plus : ce sont *les dames de haut parage, les courtisanes de bon ton, et les petites bourgeoises non mariées.*

C'est parmi ces trois classes de femmes qu'on aperçoit les plus heureux développements ; leurs qualités réunies composeraient la perfection. En effet :

Les *dames de cour*, j'entends celles qui sont galantes, ont des manières franches, aisées, un ton expansif qui inspire l'amitié. Elles séduisent tout à coup celui qui les voit pour la première fois ; il croit trouver des femmes au-dessus de la nature humaine, tant elles diffèrent des bourgeoises, qui sont des mécaniques à mensonge ; des âmes étroites, où l'amour règne exclusivement, et ne laisse d'accès à aucune autre passion ; elles sont de glace pour l'amitié, le goût des arts et autres nobles affections. Sans doute les dames de cour ont aussi leurs côtés vicieux ; mais elles donnent à l'intrigue des teintes variées du naturel et de la magnanimité. Et peut-on les blâmer de savoir embellir le vice, puisqu'il doit seul régner en civilisation ?

Les *courtisanes* de bon ton, à part certain manège que nécessite leur genre de commerce, sont remplies de nobles qualités ; obligeantes, charitables, cordiales ; leur caractère serait sublime si elles avaient de bonnes rentes ; témoin celui de Ninon. Elles perdent par l'habitude du plaisir cet esprit cauteleux, ces arrière-pensées toutes charnelles qu'on remarque dans les bourgeoises pétries de morale ; dans ces ménagères qui, à travers leur étalage de sentiment, laissent percer à chaque instant une sensualité qu'elles s'obstinent à nier, sensualité qui ne dépare point une femme, quand elle est en balance avec les affections de l'âme ; comme il arrive chez les dames franchement galantes.

Les *petites bourgeoises*, boutiquières, ouvrières, etc. sont, avant le mariage, une classe de femmes entièrement libres, surtout dans les grandes villes. Elles ont des amants affichés à la barbe de père et mère, elles en ont à rechange en toute occasion ; enfin, elles jouissent à profusion de ce qui est refusé aux demoiselles d'un rang supérieur[1]. Elles passent leur jeunesse à voltiger d'homme en homme, elles n'en sont que plus intelligentes au travail, et plus habiles à trouver quelque innocent qui les épouse, quand elles sont sur le retour. On doit blâmer sans doute leur manie de dissimulation perpétuelle, manie qu'il faut attribuer au mauvais ton des hommes de classe moyenne qui les entourent. Du reste, elles ont d'heureuses dispositions ; elles sont surtout d'excellentes ménagères, bien préférables aux Agnès du premier étage.

En résumé : l'on élèverait à la perfection le caractère féminin si l'on pouvait réunir les qualités des trois classes de femmes que j'ai citées ; et tel serait l'effet d'un ordre social où le sexe féminin jouirait pleinement de la

1. C'est une déplorable et bizarre persécution que celle qu'éprouvent les demoiselles dites *comme il faut* ; elles voient dans leur ville, dans leur maison, sous leur croisée, les petites bourgeoises prendre leurs ébats, se bercer dans les amours qu'on leur interdit. Pourquoi cette bigarrure de mœurs dans la civilisation, et quelles raisons allégueront les philosophes pour prouver qu'on n'aurait pas dû essayer de généraliser cette liberté amoureuse, qui ne produit que de bons effets parmi les classes de femmes qui en jouissent ?

liberté amoureuse. En voulant n'atteindre qu'un but, celui de *ménagère*, vous manquez tout, pour avoir trop peu désiré : vos jeunes filles boursouflées de préjugés et de philosophie, sont des êtres dénaturés qui, toujours rongées de désirs, ont l'esprit en distraction continuelle, travaillent avec dégoût, effleurent les arts qu'on leur enseigne, oublient après le mariage tout ce qu'elles ont appris, et deviennent bientôt de mauvaises ménagères pour peu que l'époux n'ait pas l'habileté de les conduire à la guide. Le monde les éblouit, les entraîne d'autant plus vite qu'elles n'en ont aucune expérience ; tandis qu'une femme déjà exercée avant le mariage sera moins infatuée du plaisir, et connaissant les astuces des galants, elle s'attachera d'autant mieux au ménage et au mari qu'elle considérera comme protecteur contre la persécution masculine. Si elle prend des suppléants, ce sera par délassement plutôt que par passion : dans ses amours elle ne perdra point de vue les intérêts du ménage, et adoucira, autant que possible, la disgrâce inévitable du cocuage. De telles femmes conviennent éminemment aux hommes insouciants, aux maris de bonne pâte, à qui il faut une épouse impérieuse, une *virago*, qui sache tenir le gouvernail du ménage et *porter les culottes.* Une telle épouse fait le bonheur d'un homme faible ; il obtient d'elle le véritable amour conjugal, qui n'est autre chose qu'une ligue d'intérêts entre les époux, une coalition contre les perfidies sociales.

Combien est-il d'autres classes d'hommes qui ne sauraient s'accommoder de ces femmes emmiellées de préjugés, de ces automates philosophiques dont le caractère est une énigme impénétrable, et qui, avec leur ingénuité simulée, excitent la défiance des philosophes mêmes : ils savent mieux que personne combien l'on doit peu compter sur cet air de candeur que l'éducation donne aux jeunes filles. Toute dame d'une conduite licencieuse a paru aussi candide qu'une autre, avant son mariage ; ce vernis de chasteté est un masque qui n'en impose à aucun homme, n'accélère point les mariages et n'aboutit qu'à exercer les femmes à la dissimulation. On sait qu'un souffle de l'amour leur créera des passions et développera en elles un caractère encore inconnu, et dont la bonté ou la malice est une énigme impénétrable même aux hommes exercés. Bref, ce galimatias d'éducation philosophique n'est qu'un cercle vicieux comme tous les usages civilisés, et n'aboutit qu'à jeter tous les époux dans la disgrâce qu'ils veulent éviter. Ce qui désoriente les philosophes, c'est de voir qu'on n'arrive de toutes manières qu'à ce cocuage, objet de leur effroi. Aussi ces savants varient-ils chaque jour dans leurs systèmes d'éducation, sans autre résultat, que de masquer et non pas changer les penchants des jeunes filles.

« *Naturam expelles furca, tamen usque recurret.* »

Ils s'alarment si l'on élève les femmes à la culture des sciences ou des arts ; ils ne voudraient chez les jeunes personnes, d'autre goût que celui *d'écumer le pot-au-feu* : telles sont leurs propres paroles qu'ils font entendre jusque sur les théâtres : ils ne sont occupés qu'à contrarier l'amour du plaisir ; ils n'entrevoient que des cornes dans l'avenir ; ils sont hargneux et tracassiers sur les goûts des femmes ; ombrageux comme les eunuques autour des odalisques.

Et quand on parviendrait à débrouiller leurs systèmes d'éducation, qui varient chaque jour (puisqu'il paraît chaque jour de nouveaux traités de morale qui ne sont jamais d'accord avec les précédents), quel fruit en retirerait-on pour l'avantage des jeunes filles ? Voit-on se marier celles qui sont boursouflées de préceptes [et non d'argent] ? Non, elles restent vacantes avec leurs vertus. Il n'y a que deux leviers qui décident les mariages en civilisation ; ce sont la fortune et l'intrigue. Les pères ne l'ignorent pas, aussi sont-ils plus en peine de doter leurs filles que de les éduquer. Quant à l'intrigue, les pères n'excellent pas sur ce point ; et malgré les cajoleries qu'ils emploient auprès des hommes à marier, ils sont déjoués par toute fille un peu manégée qui sait elle-même conduire l'intrigue, et mettre en jeu d'autres batteries que les vertus. Ces filles expérimentées ont l'art de souffler les bons partis aux pudibondes, et de faire de bons mariages, sans l'entremise de personne ; tandis que le mariage des Agnès exige l'entremise scandaleuse des commères, parents, notaires et philosophes, qui se mettent aux trousses d'un jeune homme pour le sermonner et le pousser dans le piège, comme on voit les bouchers et leurs chiens entourer et pousser le bœuf dans la tuerie où il refuse d'entrer.

Ainsi se machinent les mariages : les hommes ne s'y prennent qu'autant qu'ils sont cernés d'embûches, harcelés de solliciteurs et de moralistes ; on ne serait pas si rétif si le mariage était vraiment le gage du bonheur, comme il l'est pour ceux qui épousent une femme opulente.

Comment un siècle si enclin aux expériences de toute espèce, un siècle qui a eu l'audace de renverser les trônes et les autels, a-t-il fléchi si servilement devant les préjugés amoureux, les seuls dont l'attaque eût pu produire quelque bien ; et comment n'a-t-on pas songé à essayer sur ce point les systèmes de liberté dont on a tant abusé ? Tout invitait à éprouver son effet sur les amours, puisque le bonheur des hommes se proportionne à la liberté dont jouissent les femmes. En effet, supposons qu'on pût inventer un moyen de réduire toutes les femmes, sans exception, à cette chasteté qu'on exige d'elles, de manière que nulle femme ne pût se livrer à l'amour avant le mariage, ni posséder après le mariage d'autre homme que son mari ; il résulterait de là que chaque homme ne pourrait avoir dans tout le cours de sa vie que la ménagère qu'il aurait épousée. Or quelle serait l'opinion des hommes sur cette perspective d'être réduits, pour toute leur vie, à ne jouir que d'une épouse qui pourra leur déplaire dès le lendemain du mariage ? Certes, chaque homme individuellement opinerait à étouffer l'auteur d'une pareille invention qui menacerait d'anéantir la galanterie ; et les plus ardents ennemis d'un tel ordre seraient les philosophes qui sont fortement adonnés à la séduction et à l'adultère : d'où l'on voit que tous les hommes sont personnellement ennemis de leurs maximes de chasteté, et que le bonheur du sexe masculin s'établit en proportion de la résistance des femmes aux préceptes de fidélité conjugale. Leur observance rigoureuse causerait le désespoir de tous les hommes *individuellement*, sans en excepter les philosophes, qui étant plus séducteurs que d'autres, seraient les plus confondus par le triomphe de leurs maximes amoureuses, comme ils le furent en 1789, par l'épreuve de leurs systèmes administratifs.

Une autre conclusion que l'on peut tirer du débat qui nous occupe, c'est que les civilisés sont dans une ignorance absolue sur l'emploi des passions dans le système moral : car en adoptant la modification proposée à l'égard des femmes, la distinction de *minorité* et *majorité amoureuse*, on arriverait à plusieurs résultats excessivement avantageux au bien des bonnes mœurs civilisées. Entre autres abus qu'on aurait extirpés, je citerai *la Confusion amoureuse* qui est un des seize caractères de civilisation. Je vais la mettre en parallèle avec *les corporations amoureuses* : elles ont un caractère de la 6e période, dont chacun goûterait les tableaux, parce qu'elle est la plus voisine de la nôtre et la plus intelligible pour les civilisés, dont elle conserve encore divers usages domestiques, tels que le ménage incohérent.

Corporations amoureuses – Sous le nom de *Confusion amoureuse*, je désigne l'usage où nous sommes de n'admettre aucune gradation de vice ni de vertu dans les amours ; par exemple, s'agit-il d'adultère, toute infidélité conjugale est également coupable aux yeux des philosophes, et ils appellent sur une femme les foudres du ciel et de la terre pour la faute la plus légère. Cependant il est une gradation de délit dans l'adultère comme partout : les accointances avec une femme stérile ou avec une femme déjà enceinte, enfin toutes copulations dont il ne résulte pas de grossesse, ne sont-elles pas des peccadilles, surtout quand l'adultère est conditionnel, toléré tacitement par l'époux. Il faut donc distinguer ces diverses nuances de délit d'avec l'adultère vraiment coupable, comme celui qui cause la désunion des ménages ou qui y introduit des rejetons hétérogènes. En refusant d'admettre ces distinctions, en voulant confondre et condamner en masse tous les genres d'adultère, on les a tous rendus excusables, on a fait porter sur tous l'indulgence qui est due à quelques-uns. L'opinion révoltée a combattu les persécuteurs par le ridicule ; et sous le nom de *cocuage* on est parvenu à excuser et favoriser des perfidies odieuses, que la législation confond avec des délits très minimes. L'on a donc manqué le but par excès d'injustice et d'oppression : l'on n'a réussi qu'à faire triompher en amour la fausseté et la dépravation. Si tout plaisir, hors du mariage, est un crime selon les philosophes, il devient nécessaire de tout nier et de tromper sans cesse : de là vient que chaque femme et chaque fille se donnent pour des modèles de fidélité ou de continence ; mais pour peu qu'on admît des gradations de vertu et de vice, en affaires galantes, on verrait naître des mœurs loyales et favorables à la vérité comme aux plaisirs.

En admettant la distinction de minorité et majorité amoureuse, les femmes émancipées après l'âge de dix-huit ans doivent se classer en trois corporations principales, savoir :

1) Les *Épouses*, qui n'ont qu'un seul homme a perpétuité, selon la méthode civilisée.

2) Les *Damoiselles ou demi-Dames*, qui peuvent changer de possesseurs, pourvu qu'elles les prennent successivement, un seul à la fois, et que la séparation s'opère avec régularité.

3) Les *Galantes*, dont les statuts sont moins rigoureux encore.

Chacune de ces trois classes se subdivise en trois genres ou nuances distingués par des tableaux nominaux dans chaque ville ou canton. Toute femme change à volonté de corporation.

Cet ordre de choses (dont les dispositions accessoires seraient trop longues à indiquer) réaliserait la plupart des réformes qu'on tente vainement aujourd'hui dans le système amoureux ; par exemple, il préviendrait la séduction et le délaissement des jeunes filles. Si l'on en voit un si grand nombre végéter toute leur vie, en attendant un mari, ou donner dans la débauche, c'est parce que les hommes ont la faculté d'abuser par des délais celles qu'ils courtisent, et parce qu'elles n'entrevoient pas de terme à leur désolant célibat : mais ce terme une fois fixé à dix-huit ans, un séducteur n'aurait pas de chances pour abuser une fille ; si elle cédait, elle serait rejetée ou suspectée ignominieusement par le corps des jouvencelles ; elle se soutiendrait encore par la certitude de n'attendre que jusqu'à dix-huit ans : à cette époque, les prétendants seraient obligés de se prononcer, à défaut de quoi, la jouvencelle, pour ne pas perdre sa belle jeunesse, prendrait parti dans le corps des Damoiselles ; et en acquérant le droit de prendre un possesseur, elle ne choisirait sûrement pas celui qui l'aurait leurrée d'un espoir de mariage : c'est une supercherie que les jeunes filles ne pardonnent pas.

Alors on verrait l'adultère ou cocuage réduit à très peu de chose ; un séducteur aurait peu de succès auprès des femmes mariées, car elles risqueraient d'être suspectées même sans preuves matérielles, et classées dans le tableau des douteuses, ou dans celui des infidèles, si le délit était constaté. Les épouses se trouveraient surveillées par les deux corps des Damoiselles et des Galantes ; dès lors une femme n'oserait former le nœud conjugal qu'avec un penchant décidé pour la fidélité. En conséquence, on ne se marierait que fort tard, dans l'âge du calme des passions, et le mariage se trouverait ramené à son but, qui est d'être l'appui de la vieillesse : c'est une retraite du monde, un lien de raison, fait pour les gens âgés et non pour la jeunesse.

Alors se dissiperait le préjugé qui attache du ridicule à épouser des filles déjà possédées par autrui. Les Damoiselles ne seraient aucunement dégradées pour avoir eu des amants, puisqu'elles auraient attendu pour en prendre l'âge de dix-huit ans exigé par les lois. On les épouserait sans plus de scrupule qu'on n'en a d'épouser une veuve qui a des enfants. Si c'est un affront que d'être second possesseur en mariage, pourquoi les hommes sont-ils si friands d'épouser une veuve riche, et se charger de l'éducation des enfants d'autrui ; enfants qui peuvent provenir de différents pères, si la veuve a été galante ? On passe sur toutes ces considérations, tandis qu'on se croirait compromis d'épouser une fille qui n'a été que galante, sans avoir eu d'enfants. D'après cela, nos idées sur l'honneur et la vertu des femmes ne sont que des préjugés qui varient au gré de la législation. Il suffirait d'une loi pour rallier l'opinion à la nature, et mettre au rang des plaisirs décents ces galanteries qu'il est ridicule de déclarer vice chez les femmes, quand on les déclare gentillesse chez les hommes. Dès lors les hommes ne peuvent atteindre à la gentillesse, qu'autant que les femmes veulent bien se livrer au vice : plaisante contradiction, qui, au reste, n'est pas plus plaisante que nos coutumes et nos opinions civilisées[1] !

---

1. L'adultère est déclaré crime, et pourtant un homme jouit dans la bonne société d'une considération proportionnée au nombre de ses adultères connus et affichés. On admire, on prône un Richelieu, un Alcibiade, qui ont suborné une infinité de femmes mariées ; mais quel cas fait-on d'un homme qui, voulant obéir aux lois et à la religion, conserve sa virginité pour l'apporter en cadeau de noces à sa femme ? Un tel homme est persiflé de tout le monde. En fait d'adultère comme de duel, la loi est neutralisée par l'opinion, qui n'est favorable qu'aux supercheries amoureuses et même au dévergondage ; en effet, on note d'infamie une pauvre fille qui se laisse faire un enfant, sans la permission de la municipalité, on la déclare coupable lors même qu'elle a été fidèle à son amant ; mais comparez la conduite de cette jeune fille avec celle des honnêtes femmes. Or qu'est-ce qu'une honnête femme en France ? C'est une dame qui a communément trois hommes à la fois, savoir : le mari, l'amant en pied, et quelque ancien titulaire qui revient de temps à autre user de ses droits, à titre d'ami de la maison ; le tout sans compter les passades. En menant ce train de vie, elle obtient de plein droit un brevet d'honnête femme. Soit dit sans blâmer les dames qui se divertissent, elles n'auront jamais tant d'amants que leurs maris ont de maîtresses avant et après le mariage.

L'opinion, si ridicule par ses injustices, l'est encore plus par ses contradictions : témoins les filles enceintes ; on leur fait un crime de la grossesse et un crime de l'avortement volontaire ; cependant si elles tiennent à l'honneur, elles doivent aviser aux moyens de conserver l'honneur en effaçant les traces de leur faiblesse. Ce ne sont donc point les filles qui sont blâmables de se faire avorter dans le commencement de la grossesse où le fœtus n'est pas vivant, c'est l'opinion qui est ridicule de déclarer l'honneur perdu pour l'action très innocente de faire un enfant. Les coutumes, en Suède, sont sur ce point bien plus sensées que dans le reste de l'Europe : elles ne déshonorent point une fille enceinte ; et de plus, elles défendent aux maîtres de renvoyer, pour cause de grossesse, une fille domestique à qui l'on n'aurait pas d'autre délit à reprocher. Coutume très sage dans un pays qui a besoin de population.

Mais à quoi servirait de s'appesantir sur les ridicules de nos opinions ? Personne ne les a mieux jugées que les prôneurs mêmes, qui, ne voyant aucun moyen de concilier la civilisation et la raison, ont pris à

Alors s'affaibliraient l'égoïsme et l'esprit servile qu'engendre l'état conjugal. Il corrompt principalement le caractère des femmes : elles adoptent tous les vices d'un époux, sans adopter ses bonnes qualités, résultat nécessaire de la souplesse qu'on leur inspire. Mariez une jeune Agnès à Robespierre, elle sera le mois suivant aussi féroce que lui ; elle le flattera dans tous ses crimes. Ce penchant servile des épouses serait corrigé par la rivalité des Damoiselles, qui auraient pour esprit dominant de ne s'identifier aux mœurs d'aucun homme, puisqu'elles en pourraient changer ; de n'affecter qu'un caractère noble et indépendants, et de s'éloigner en tout point des vices inhérents à l'état conjugal ; entre autres, de l'égoïsme que le mariage élève au plus haut degré : aussi les gens mariés sont-ils atteints d'une prodigieuse méfiance contre leurs semblables. Rien de plus difficile que d'assembler et faire vivre en ménage deux couples d'époux. L'incompatibilité s'étend des maîtres aux serviteurs, et dans tout ménage on répugne très fortement à prendre en domesticité un couple marié. C'est qu'on n'ignore pas que l'esprit conjugal opère une ligue des époux contre tout ce qui les entoure, qu'il étouffe les passions nobles et les idées libérales ; de là vient que la classe des gens mariés est toujours la plus astucieuse, la plus indifférente aux malheurs publics ou particuliers ; et leur esprit antisocial est si bien reconnu qu'on croit faire un grand éloge d'un homme en disant : le mariage ne l'a

---

cet égard la tactique des charlatans : c'est de vanter outre mesure leur orviétan, leur civilisation. Quelque rabais qu'on fasse sur le mérite de cette drogue, c'est lui accorder toujours trop de valeur, puisqu'elle n'en a aucune. Ainsi ont calculé les philosophes, quand ils ont imaginé de nous dire que la société civilisée était la perfection du perfectionnement de la perfectibilité.

point changé, il a conservé le caractère aimable d'un garçon.

Alors on verrait les renommées de vertu et de vice réduites à leur juste valeur. J'ai observé que nos coutumes ne distinguent aucune gradation de vice : chaque femme est obligée de feindre la vertu ; et dans ces prétentions confuses, l'avantage est tout entier du côté des dames les plus licencieuses, parce qu'elles rabattent sur le nombre des amants qu'elles ont possédés. Combien voit-on d'honnêtes femmes qui ont joui d'une vingtaine d'hommes, et qui, dans leurs adroites confidences, se font passer pour n'en avoir eu qu'une demi-douzaine ! Tandis qu'une malheureuse qui n'en aura eu que deux ou trois est diffamée plus que celles qui ont bravé la critique. Cette confusion serait débrouillée par la distinction des femmes en diverses corporations, assorties aux divers caractères. Je répète que ces trois confréries amoureuses dont j'ai fait mention seraient subdivisées en neuf genres accessoires, afin d'éviter autant que possible toute confusion : et de même qu'il y aurait trois tableaux d'*Épouses constantes, douteuses* et *infidèles*, il y aurait aussi trois tableaux de *Damoiselles* et trois tableaux de *Galantes*. Cette méthode se rallierait à l'ordre des séries passionnées dont j'ai donné la définition dans la note A ; et comme il faut placer aux extrémités de chaque série deux groupes de transition, ces groupes seraient ceux des *jouvencelles* et des *indépendantes* dont les unes n'ont aucun exercice de l'amour sensuel, et les autres n'observent aucun statut dans l'exercice de cette passion.

Un tel ordre est le moindre des développements réguliers qu'on puisse donner aux relations amoureuses : tout système qui restreint davantage les passions tombe nécessairement dans les vices d'égalité et de confusion philosophiques dont nous voyons aujourd'hui les odieux résultats. [...]

Traité des quatre mouvements
et des destinées générales, 1808

7.

Jeanne Deroin
(1805-1894)

> « Le devoir et le droit sont corrélatifs. Mais pour exercer le droit et accomplir le devoir il faut le pouvoir. »
>
> *Le Droit des femmes*, 7 octobre 1883.

Ouvrière lingère puis institutrice, journaliste, pamphlétaire, Jeanne Deroin fut une des féministes les plus ardentes du XIX*e siècle et sa vie montre un engagement de tous les instants en faveur des droits des femmes. Elle servit pour cela de référence à des activistes comme Hubertine Auclert, Madeleine Pelletier ou Hélène Brion, admiratives de son zèle à défendre ses idées jusqu'au milieu de réunions publiques hostiles et chahuteuses.*

Elle collabore d'abord à La Femme libre *(le journal des saint-simoniennes) dès les années 1830 et épouse civilement en 1832 le socialiste Antoine Desroches dont elle refuse de prendre le nom malgré leurs trois enfants. Quand s'installe la Seconde République, elle rejoint Eugénie Niboyet, Désirée Gay et Adèle Esquiros pour fonder le « Club de l'Émancipation des Femmes » en février 1848 (devenu en mai « La Société pour la voix des femmes »). Désireuse de promouvoir à la fois le droit de vote des femmes et le droit au travail pour tou(te)s, elle crée d'une part son propre hebdomadaire,* La Politique des femmes, *suivi d'un mensuel,*

L'Opinion des femmes *où elle polémique avec Proudhon ; elle devient d'autre part la première candidate à des élections législatives, celles d'avril 1849, dont elle est rejetée pour anticonstitutionnalité. Toujours aux côtés de Niboyet, elle co-fonde l'Association fraternelle des instituteurs et institutrices socialistes et prend l'initiative de l'« Association des Associations fraternelles » qui regroupe une centaine d'entre elles. Cette activité, jugée subversive par le gouvernement, lui vaut six mois de prison, ainsi qu'à d'autres comme Pauline Roland. Après le coup d'État bonapartiste, elle s'exile en Angleterre en août 1852 (mais sans son mari, devenu fou après son incarcération) et elle reste dans ce pays jusqu'à sa mort, malgré l'amnistie de 1859. Elle se fait préceptrice d'enfants, publie entre 1852 et 1854 un* Almanach des femmes *bilingue et entretient une correspondance régulière avec des féministes français comme Hubertine Auclert ou le directeur du journal* Le Droit des femmes, *Léon Richer.*

Sa « profession de foi », adressée à la rédaction d'un journal devenu saint-simonien, Le Globe, *est son premier texte connu et, resté manuscrit jusqu'à sa publication récente, il est révélateur des espoirs – vite déçus – mis par les femmes dans les projets des utopistes ; il montre aussi le semi-illettrisme de certaines féministes de ce temps formées sur le tas dans des écoles de piètre qualité, des clubs et des imprimeries militantes. Les fautes d'orthographe et la ponctuation erratique de cet extrait, son manque de composition claire, l'absence d'exemples précis, font de Deroin à ses débuts une sorte d'autodidacte déjà intrépide.*

Refus d'un esclavage ignoré, celui des femmes, et des avantages successoraux accordés aux garçons, ce texte est aussi un prétexte pour se raconter. La jeune femme y narre l'émergence de sa propre conscience féministe et sans doute de celles d'autres femmes de cette génération. On retrouve dans ce texte les incertitudes religieuses et le moralisme des écrivains et écrivaines de ce temps, l'acceptation de certains poncifs durables sur la féminité (délicatesse, affectivité, compassion, « instinct maternel »), le regret des occasions historiques manquées (avènement du christianisme, promesses égalitaires de l'époque révolutionnaire) et les plaintes banales sur les déficiences éducatives du système français et la guerre des sexes qui fait rage au sein de mariages qui ne peuvent plus être rompus par le divorce de 1816 à 1884 (il avait été temporairement légalisé en 1792).

Avant de se radicaliser face aux limitations successives des droits des femmes imposées par la Seconde République, Deroin livre ici des pages émouvantes et encore maladroites où elle fait se rejoindre des mots d'ordre fouriéristes (l'« harmonie ») et saint-simoniens (la « capacité » ou compétence) et une vision quasi mariale de la *femme : « libre » et « ange de paix ».*

Profession de foi de Melle Jenny de Roin

[…] Les Saint Simoniens nous ont apporté la lumière et nous montrent sous leur véritable aspect deux privilèges odieux restes antiques des temps barbares, sources intarissables d'immoralité, de misère, et d'ignorance, l'esclavage de la femme et le droit d'héritage.

L'esclavage de la femme est un privilège odieux fondé sur le droit du plus fort. La femme n'est-elle pas douée de sentiment et d'intelligence aussi bien que l'homme ? n'a-t-elle pas un égal intérêt au bonheur de l'humanité ? n'est-elle pas appelée à concourir au même but ?

S'il existe quelques différences dans l'organisation des deux sexes, ces différences peuvent-elles motiver l'assujétissement de le femme ? Si la délicatesse de son organisation ne lui permet pas de se livrer à des travaux qui nécessitent l'emploi de la force physique ; si elle est plus affectueuse, plus compatissante que l'homme, est-ce un motif pour la réduire a l'esclavage, pour la repousser des fonctions publiques auquelles ses facultés morales et intélectuelles lui donnent droit de participer ?

Quoique réduite à la servitude la femme n'a-t-elle pas une puissante influence sur les mœurs et la civilisation, sa mission est-elle inférieure à celle de l'homme, et le père dont elle charme la vieillesse, l'époux dont elle embellit l'existence, le fils dont elle protège la faible enfance, auquel ses tendres soins et ses douces caresses inspirent les premiers sentiments d'amour et de reconnaissance,

La société dont elle est l'ornement ; doivent-ils la traiter en esclave ? hont,e anathème à celui qui oserait l'affirmer.

La femme est l'égale de l'homme, son affranchissement ne sera pas une concession, mais la reconnaissance d'un droit légitime, c'et un acte dont l'accomplissement contribuera puissamment au bonheur de l'humanité.

Le droit d'héritage est un privilège inique, c'est une forte colonne de l'édifice antique il faut la renverser. [...]

J'ai peu connu les joies de l'enfance et les jeux du premier age ; dès que j'ai su lire la lecture est devenue ma seule occupation le charme de tous mes instants j'éprouvais un vague désir de tout connaitre de tout savoir,

Dieu et la religion avait surtout éveillé mon attention mais la mobilité de mes idées ne me permettait pas de les fixer longtemps sur le même objet, fatiguée de chercher sans comprendre, j'assimilais à des contes de fées ce que l'on me disait ce que mes livres m'en avait appris, trop jeune encore pour apprécier ma position sociale j'étais heureuse l'avenir m'apparaissait brillant et gracieux je me voyait riche des trésors de la science unique objet de tous mes vœux, ces rêves flatteurs s'évanouirent bientôt.

La nécessité du travail vint me faire comprendre que privée de fortune je devais renoncer à la science au bonheur ; je me résignais un secret espoir me souriait encore. Je rencontrerais me disai-je un philosophe, ainsi que moi déshérité des biens de la terre, pauvre comme Job, mais riche de savoir, laid comme esoppe [Esope] mais aimant et vertueux, il me communiquera les dons de la science, je le payerai d'amour et de reconnaissance ; liés par un saint nœuds nous nous consolerons ensemble des douleurs de la vie. il fallut encore abandonner ces douces chimères

un jour j'ouvris le livre de la loi et je lus ces mots

« le mari doit protection à sa femme, sa femme doit obéssance à son mari » je ressentis une indignation profonde jamais me dis-je je n'achéterai le bonheur au prix de l'esclavage, je veux vivre et souffrir seule ignorante inutile oubliée mais libre, je ne reconnaitrai jamais le droit du plus fort, jamais je ne donnerai mon adhésion à des principes que ma conscience réprouve, triste et découragée je commencai à réfléchir sérieusement et quand j'eus posé cette question qu'est-ce que la vie ? pourquoi suis-je venue sur la terre ? elle me parut inssoluble, puis je compris que la vie de l'homme étant liée à ce qui l'entoure je devais examiner tout ce qui se rattache à son éxistence.

et le résultat de mes méditations fut que toutes les religions étaient un tissus d'absurdites inventées pour asservir le genre humain, que les lois étaient une arme entre les mains des puissans de la terre pour opprimer les faibles et qu'elles ne servaient qu'à légitimer les injustices des grands, que le bonheur la liberté l'égalité étaient des mots vides de sens, qu'il n'y avait dans le monde ni moralité ni principes, a ce compte la vie n'était plus qu'un pénible cauchemar. aussi je reculai d'épouvante et j'invoquai le néant, je préférai méconnaitre Dieu que l'accuser d'impuissance ou de cruauté.

j'éprouvais le besoin de m'isoler, de respirer un air plus pur, la plus humble cabane, le creux d'un arbre d'un rocher eut comblé tous mes vœux. mais j'essayais en vain de briser les liens qui m'attachaient au monde, j'éprouvais toujours le plus vif enthousiasme au récit d'une belle action, je ressentais une tendre compassion à la vue des souffrances de mes semblables mon cœur était déchiré du regret de ne pouvoir les adoucir, et l'intérêt que je prenais aux événements politiques me prouvait que l'amour de la patrie était encore tout puissant sur mon ame.

je n'étai donc pas d'accord avec moi-même, et je souffrais de cette situation pénible. il me fallait une croyance, un but une vie, active, je résolus de réviser le jugement que j'avais porté et de chercher la vérité avec un zèle ardent

je me dis alors on ne peut tirer la vérité d'un principe faux, il est quelques vérités absolues, c'est elles que je dois prendre pour point d'appui. ainsi comme il n'y a pas d'effet sans cause il y a une cause première de l'existence de l'univers ; donc cette cause c'est Dieu et me transportant en imagination au dela des mondes je contemplai l'ordre parfait qui règne entre les astres et la régularité de leur mouvement, et pénétrée d'une vive admiration je me dis la cause première est un principe d'ordre et d'harmonie, elle est souverainement intelligente, alors elle est juste et ne peut vouloir que le bonheur des hommes, et j'abaissai mes regards sur la terre et je vis qu'elle est riche de tout ce qui peut rendre l'homme heureux. et je conclu que le mal venait de ce qu'un certain nombre s'était attribué exclusivement ce qui appartient à tous, car tous ont un droit égal aux biens de la terre, mais je m'apperçus que ces hommes égoïstes avaient mal compris leurs véritables intérets car ils ne possèdent pas le bonheur qui consiste plus réellement dans la perfection morale dans les jouissances intéllectuelles que dans la possession des biens terrestres. je pensais que Dieu ne se melait pas du partage, et j'adoptai la croyance du libre arbitre absolu dont il résulte que l'homme ne doit pas demander à Dieu ce qu'il peut se procurer lui même, qu'il ne doit accuser que lui-même des maux qui affligent l'humanité, et que c'est en lui même qu'il doit chercher les moyens de les faire cesser. donc la prière est inutile et la meilleure manière d'honorer Dieu c'est de faire un noble usage des dons qu'il nous à faits. persuadée que l'homme est doué de la connaissance du bien et du mal, je crois que la conscience est la voix de Dieu même, et la raison le flambeau qui doit l'éclairer et le diriger vers le but qu'il doit attcindre, qui est le bonheur, c'est à dire la perfection morale. [...]

L'esclavage de la femme, de tous les abus les plus odieux le plus immoral est celui contre lequel j'ai toujours protesté avec le plus de force. celui qui m'inspirait le plus haut dégré d'indignation conséquemment de tous les principes de la doctrine l'émancipation de la femme est celui qui a contribué le plus puissamment à la détermination que j'ai prise d'adopter le Saint Simonisme aussitôt que ma raison sera suffisamment éclairée. [...]

L'esclavage de la femme est fondé sur le droit du plus fort, droit affreux dont l'homme pouvait abuser dans l'enfance des sociétés qui est encore la seule règle des hordes sauvages et barbares errantes au fond de l'affrique mais qui doit cesser d'exister si l'on reconnait l'empire de la raison sur la force brutale

Dans les premiers ages du monde quand l'homme encore sauvage ne connaissait d'autre occupation que la chasse et la guerre, il regardait la femme comme un être inférieur à lui parce qu'elle ne pouvait partager ses fatigues et ses dangers. il s'arrogea le droit de la traiter en esclave. quand les hommes se réunirent en plus grand nombres pour se défendre et s'attaquer avec plus de facilité ils reconnurent la nécessité des lois écrites, soit pour régler les partages entre eux ou pour imposer de dures conditions aux vaincus la femme n'ayant pris aucune part à la victoire ne prit aucune part à la formation de la loi.

Parmi des nations plus nombreuses quand la loi fut établie afin de régler les droits et les devoirs des citoyens la femme fut encore exclue du droit commun et l'homme lui dit, je suis fort, tu est faible, je disposerai de ton sort, les sanglantes horreurs de la guerre n'ont aucun charme pour toi c'est une marque de ta faiblesse, une preuve que la nature te destine à la servitude, les soins du ménage, les traveaux domestiques, seront ton partage ; tu m'obéiras et tu me serviras, c'est moi seul qui à fait la loi, et la loi me donne tout pouvoir sur toi, tu seras mon esclave ! Telle est l'origine de la puissance de l'homme sur la femme. Le Christianisme vint il est vrai modifier cette loi, la femme partagea la communion spirituelle avec son maitre, il n'osa plus disposer arbitrairement de sa vie, mais la domination de l'homme recut une sanction religieuse, et l'homme osa dire à la femme Dieu le veut !

au moins dans l'antiquité payenne un grand nombre de femmes célèbres avaient illustré leur sexe en cultivant la philosophie, les arts et les sciences, même les républiques de la grèce et de rome avaient produit des femmes sublimes qui avaient prouvé que les vertus républicaines, le courage civil et l'amour de la patrie, ne sont pas étrangère à ce sexe que l'on accuse de faiblesse.

mais la religion chrétienne ne permettait plus à la femme de sciences que la prière, de vertus que l'humilité et la résignation, c'est à dire l'abaissement volontaire condition plus humiliante que celle qui l'avait précédée. le règne du christianisme est passé mais il a laissé des traces profondes. de grands évenements politiques se sont succédés, des révolutions ont bouleversé l'europe, des chants de gloire et de triomphe, ont retenti dans tout l'univers, on a proclamé la liberté l'égalité pour tous. et la femme est encore l'esclave de l'homme, et les prolétaires sont encore sous le joug de la misère et de l'ignorance.

L'esclavage est aboli dit-on, non il ne l'est pas il subsiste tout entier dans ces paroles iniques inscrites au livre de la loi « le mari doit protection à sa femme la femme doit obéïssance a son mari » Les autres dispositions du code civil prouvent assez l'éxtréme dépendance de la femme et cette coutume qui oblige la femme a porter le nom de son mari n'est-ce pas le fer brûlant qui imprime au front de l'esclave les lettres initiales du maitre, afin qu'il soit reconnu de tous comme sa propriété.

L'on a proclamé les droits de l'homme, mais l'on a imposé des devoirs à la femme sans lui reconnaitre aucuns droits.

Les lois nouvelles ont sanctionné le passé en condamnant la femme a une humiliante servitude, et pour pallier l'injustice de ces lois on accuse la femme de faiblesse et d'incapacité morales, sur quoi repose cette absurde accusation, elle est digne d'un barbare qui après avoir chargé de liens honteux un homme libre, insulterait à son impuissance.

L'homme est-il d'une nature supérieure a la femme ?

est-il plus pur, plus parfait, plus moral ; s'est-il mieux qu'elle se commander à lui même ; non l'homme égoïste et dur se livre à tous les exès sans honte et sans frein.

semblable a ces animaux destinés au plaisir de la chasse, parqués dans un enclos, afin qu'ils ne puissent échapper aux pièges qui les attend, au trait qui doit les déchirer, la femme aimante et sensible est livrée sans défense par les vices de l'éducation à tous les pièges à toutes les séductions.

L'éducation de la femme est dirigée de manière à comprimer toutes ses facultés morales et intéllectuelles, on veut lui persuader qu'elle est inférieure à l'homme ; et l'on s'efforce de réaliser autant que possible cette odieuse supposition.

Si dés l'enfance on appercoit en elle des germes de franchise, de courage, et de hardiesse, on s'empresse de les étouffer comme contraire aux devoirs de son sexe, née pour la servitude elle doit apprendre à dissimuler, elle doit être humble et timide, les pleurs et la prière, sont les seules armes qu'elle doit employer contre l'oppression.

est-elle douée d'un esprit élevé, à-t-elle des penchants studieux, on s'efforce de comprimer en elle ce qui pourrait lui rendre sa force et sa dignité morale.

on lui inspire des gouts frivoles, on lui insinue que le don de charmer, l'art de plaire doivent être les seuls objets de ses vœux, l'unique but de toutes ses actions. et si franchissant tous les obstacles elle s'élevait au dessus des préjuges de son séxe, quand même elle parviendrait au plus haut degré de savoir et de supériorité réelle ; toutes les carrières lui sont fermées, elle ne peut prétendre à aucune fonction publique, l'entrée des lycées, des facultés, des académies, lui est interdite.

elle est impitoyablement repoussée son sexe seul est un signe de réprobation !

Ces lois injustes cette fausse diréction sont la véritable cause de la corruption des mœurs. La femme ne peut comprendre sa véritable destination, égarée par une éducation vicieuse, éblouie par de perfides adulations, elle s'abaisse d'elle même jusqu'à mettre sa gloire à séduire et captiver, ses laches oppresseurs, jusqu'à s'enorgueillir de leur hommages dérisoires elle règne sur les sens, mais son règne est éphèmère comme sa beauté ; son influence est immorale.

habituée à considérer la femme comme un être créé pour son utilité, destiné à ses plaisirs ; l'homme se fait un jeu de corrompre l'innocence de flétrir la beauté, et ses victimes repoussées avec mépris du sein de la société, vont s'engloutir dans ces lieux impurs dont l'existence déshonore l'humanité punition éffrayante de l'orgueil de l'homme qui va y puiser le germe de tous les vices ! y complétter sa dégradation morale ! là il se persuade que l'avilissement de ses victimes doit légitimer son injuste oppression ; même envers celles qui ont échappé à ce dernier degré de dégradation.

Comme si cette funeste oppréssion n'était pas elle même la cause des maux qu'elle prétend réprimer !

là il apprend à mépriser celle que la nature à fait son égale, que lui même en la chargeant des liens flétrissants de l'esclavage a précipité dans un gouffre profond d'immoralité ou il tombe avec elle !

Le mariage au lieu d'être une alliance entre l'homme et la femme est un état de lutte continuelle entre deux êtres qui prétendent se dominer mutuellement l'un par la force l'autre par la ruse.

La plupart des mariages sont fondés sur les caprices de l'amour et de la fortune, une sympathie réelle, l'estime réciproque, la sainte égalité, n'en forme jamais les nœuds, envain la loi les déclarerait indissolubles, ils sont brisés presque aussitôt que formés.

Quand des convenances sociales, des motifs d'intérets, unissent deux êtres ; dont les gouts et le caractère sont toujours en désacord en raison de la différence d'éducation qu'ils ont recue, dont l'un est inférieure à l'autre l'estime sincère, la tendre amitié n'est pas même possible entre les deux époux ; il y à nécessairement oppression d'une part, contrainte et résignation de l'autre, c'est à dire souffrance perpétuelle, souvent il y a résistance, alors le désordre règne dans le mariage le véritable amour ne peut en former les nœuds, parce que l'homme étant persuadé que la femme est un être faible et frivole inférieur à lui ne peut éprouver pour elle une estime sincère, une sympathie réelle ; il croit aimer quand il est sous l'influence de l'ivresse des sens, lorsque ses vœux sont satisfaits quand il est lié à celle qu'il désirait, cet amour éphémère s'évanouit bientôt, souvent il est remplacé par l'indifférence

Les regrets et même la haine, la jalousie les soupcons injurieux l'adultère tels sont les résultats de ces unions mal assorties dont l'inégalité des deux sexes produit tous les malheurs.

L'homme s'engage dans les liens du mariage avec la certitude que ces liens sont fictifs, qu'il sera toujours maitre de son sort, que sa femme est dépandante de lui.

La femme se met sous le joug, sans en prévoir les funestes conséquences sans examiner le poids des fers qu'elle accepte.

Le mariage indissoluble est une chaine pesante pour les deux époux, humiliante et oppressive pour la femme ; au moins l'esclave peut espérer de s'affranchir, la mort seule délivre l'épouse.

La loi du divorce ne peut se réaliser qua prix d'or elle nest favorable qu'aux classes les plus aisées de la société.

Cest a ces causes produites par l'esclavage de la femme que l'on doit attribuer la dépravation des mœurs et le désordre qui règne dans le mariage.

Toutes les vertus qui peuvent faire le bonheur de l'humanité sont en germes dans le cœur de la femme. elles se développeront et brilleront avec éclat quand les liens dont elle est flétrie seront brisés. quand les conditions de la nouvelle alliance seront créées et consenties de manière à maintenir l'égalité, la paix, et l'union entre les deux sexes.

Alors la capacité régnera sans distinction de sexe et la femme participera a toutes les fonctions sociales elle sentira sa force et sa dignité morale et elle marchera d'un pas égal avec l'homme dans la voie du progrès

l'amour sanctifié par la sainte égalité ne sera plus l'erreur des sens, mais la sympathie réelle qui unira l'homme et la femme participant aux mêmes fonctions sociales,

Le mariage ne sera plus une chaine humiliante et oppressive pour la femme, mais la sainte association de l'homme et de la femme dont les conditions seront réciproques et librement consenties entre l'épouse et l'époux.

Le mariage ne sera pas indissoluble les époux s'aimeront et seront heureux car ils ne seront pas liés mais unis,

La femme libre sera l'ange de paix et de conciliation dont la douce et puissante influence unira tous les membres de la famille dans un parfait accord dans une sainte harmonie

Jeanne f[emme] Deroin

Lettre adressée au journal *Le Globe*, 1831 1832.

8.

Flora Tristan
(1803-1844)

> « Travailleurs, c'est à vous, *tous* et *toutes* que je dédie mon livre ; c'est pour vous instruire sur votre position que je l'ai écrit : donc, il vous appartient. »
>
> Dédicace de la 4e édition des *Promenades*, 1842

Flora Tristan, qui se désigne comme « la paria », a passé les quarante et une années de sa vie dans un environnement à nos yeux romanesque. Il ne peut manquer de fasciner et cela d'autant plus qu'elle a elle-même fortement contribué à le créer dans des récits qui mêlent avec brio observations documentaires et éléments autobiographiques.

Prétendant tantôt descendre de l'empereur Moctezuma II, tantôt être le fruit d'une aventure de sa mère avec Simon Bolivar, elle est sans doute, en fait, la fille d'un noble péruvien et d'une bourgeoise française monarchiste émigrée en Espagne, qui furent mariés par un prêtre réfractaire. Son père ayant négligé de faire enregistrer ce mariage, à sa mort en 1807, il laissa Flora et sa mère dans un grand dénuement. Flora fait ainsi l'expérience directe de la vie de mineure légale, vie à laquelle sont contraintes toutes les femmes de son époque. Ouvrière coloriste chez un artiste, elle épouse ce dernier à dix-sept ans et s'en sépare à sa troisième grossesse. Elle mène alors une existence fiévreuse, tour à tour lamentable et exaltante : elle se rend, d'ailleurs en vain, au Pérou pour réclamer l'héritage de son père après avoir voyagé à plusieurs reprises (1826, 1831, 1835, 1839) en Angleterre, un pays avec lequel elle conserve des liens importants comme le montrent notamment ses Promenades dans Londres *(1841). Elle se frotte aux « socialistes utopistes » de son temps, Fourier, Saint-Simon, l'anglais Robert Owen, avant d'être grièvement blessée dans une tentative d'assassinat ourdie par son ancien mari, qui y gagnera vingt ans de travaux forcés. Elle rédige en 1843 un manifeste,* L'Union ouvrière, *où elle reconnaît dans les ouvriers une classe sociale à part et propose toute une série de réformes sociales où les femmes ont la part belle. Désireuse de promouvoir ses idées, elle entreprend une épuisante tournée de conférences en France, que la mort interrompt à Bordeaux en novembre 1844.*

Reportage et dénonciation (Martine Reid), le texte des Promenades *est franco-anglais à un double titre. Dans le dernier chapitre intitulé « Les femmes anglaises », Flora Tristan rapporte les thèses de l'ouvrage de Mary Wollstonecraft,* A Vindication of the Rights of Woman, *paru en 1792 à Londres et presque simultanément à Paris (*Défense des droits de la femme*). En offrant un large extrait de la dédicace à Talleyrand et d'une partie du chapitre IX (ici supprimée), elle fait état d'un livre féministe majeur et montre son actualité face à la situation réelle des femmes de part et d'autre de la Manche.*

Les treize chapitres de la Défense *de Wollstonecraft (1759-1797) sont une plaidoirie en faveur de l'éducation (question à laquelle s'intéressait l'ex-évêque d'Autun) et dénonce les idées reçues sur les femmes et « leurs caractères propres ». Férue de culture française, l'auteure a lu attentivement Rousseau avant et après son séjour en France (1792-1795) et dénonce avec vigueur le contenu du livre V de l'*Émile ou De l'éducation *(1761). Quant à Tristan,* *elle nous permet ici de retrouver l'un des innombrables jalons perdus de la mémoire féminine et nous rappelle la nécessité de (re)lectures qui bravent les frontières.*

Une voix anglaise*

Cependant, une voix de femme se fit entendre en Angleterre il y a un demi-siècle, voix qui prit dans cette vérité dont Dieu a mis l'empreinte en notre âme une puissance irrésistible et une éclatante énergie ; voix qui n'a pas craint d'attaquer un à un tous les préjugés et d'en démontrer le mensonge et l'iniquité. Mary Wollstonecraft a intitulé son livre : *A Vindication of the Rights of Woman* (*Défense des droits de la femme*) ; il parut en 1792.

Ce livre fut étouffé dès son apparition, ce qui n'épargna pas à son auteur le supplice de la calomnie. Il n'y eut que le premier volume de publié, et il est devenu extrêmement rare. Je ne pus trouver à l'acheter, et, sans un ami qui voulut bien me le prêter il m'eût été impossible de me le procurer. La réputation de ce livre inspire un tel effroi que, si vous en parlez même aux femmes *dites du progrès*, elles vous répondront avec un mouvement d'horreur : « Oh ! c'est un très mauvais livre ! » Ah ! la calomnie l'emporte souvent sur la renommée la mieux méritée ! elle transmet ses haines de génération en génération, ne respecte pas la tombe, la gloire même ne l'arrête pas.

Mary Wollstonecraft dédia son livre à M. de Talleyrand-Périgord. Écoutez cette femme, cette femme anglaise, qui, la première, ose dire que les droits civils et politiques appartiennent *également aux deux sexes*, et qui en appelle à une opinion professée par M. de Talleyrand à la tribune pour lui démontrer qu'il est de son *devoir* d'homme d'État d'agir conformément à cette opinion, d'en faire triompher les conséquences et d'établir la complète émancipation de la femme.

Voici quelques passages de cette dédicace :

« Réclamant pour les droits de la femme, mon principal argument, pour en démontrer l'utilité, est fondé sur cette raison bien simple que, si l'éducation ne prépare pas la femme à devenir la compagne de l'homme, elle arrêtera le progrès ; car, si les connaissances humaines demeurent le partage exclusif de l'homme, leur influence sera sans efficacité sur la masse de la société. [...] Si vous voulez que vos enfants apprennent à comprendre le vrai patriotisme, il faut que leur mère soit une patriote éclairée ; et l'amour de l'humanité, source de toute vertu, ne saurait se développer en eux que par l'appréciation de l'intérêt moral et politique du genre humain ; mais l'éducation actuelle de la femme l'exclut de telles investigations. [...]

« Je m'adresse à vous, monsieur, comme à un législateur, et je vous demande si, quand les hommes combattent pour leur liberté et pour qu'on les laisse décider eux-mêmes de ce qui convient à leur propre bonheur, il n'est pas inconséquent et injuste d'assujettir les femmes à des lois qu'elles n'ont pas concouru à faire. Qui a constitué l'homme juge exclusif pour décider si la femme est, comme lui, douée de raison ?

« Les tyrans de toutes les dominations, depuis les rois jusqu'aux pères de famille, agissent et raisonnent de même ; ils s'empressent d'écraser la raison, en usurpent les droits et affirment que c'est pour l'utilité générale qu'ils étouffent la voix de tous. Votre conduite n'est-elle pas semblable à celle des tyrans lorsque vous déniez aux femmes les droits civils et politiques et les forcez à rester murées dans leurs familles et à se mouvoir au milieu des ténèbres ?

« Si la femme doit continuer à être exclue de la participation aux droits naturels de l'humanité, vous devez d'abord prouver, afin de repousser l'accusation d'injustice et d'inconséquence, qu'elle manque de raison ; autrement, votre nouvelle constitution portera toujours l'empreinte de l'iniquité et témoignera que l'homme, en s'affranchissant du despotisme, est lui-même resté tyran ; et vous le savez, monsieur, la tyrannie, en quelque partie de la société qu'elle se montre, anéantit toute morale. [...]

« Si l'on ne permet pas aux femmes de jouir de droits légitimes, elles pervertiront les hommes et elles-mêmes pour obtenir d'illicites privilèges. »

Maintenant, voici comment elle parle aux femmes :

« J'espère que les femmes m'excuseront si je les traite comme des *êtres rationnels*, au lieu de les entretenir de leurs grâces enchanteresses et de les considérer comme si elles étaient dans un état perpétuel d'enfance, incapables d'agir par elles-mêmes. Je désire ardemment leur indiquer en quoi la vraie dignité et le bonheur consistent ; je désire les persuader de la nécessité de développer leurs forces intellectuelles et physiques ; je désire les convaincre que ces douces expressions, susceptibilité de cœur, délicatesse de sentiment et raffinement de goût, sont presque synonymes de faiblesse ; et que ces créatures faibles, qui sont l'objet de la pitié, ou de cette espèce d'amour que la pitié fait naître, sont bientôt délaissées par l'homme et deviennent l'objet de son mépris.

« Repoussant donc ces phrases gentilles à *l'usage des dames*, dont la condescendance des hommes veut bien se servir pour adoucir le joug de notre dépendance, et méprisant cette élégance d'esprit, cette sensibilité exquise et cette moelleuse docilité de manières, qu'on suppose les traits caractéristiques de notre sexe, je désire montrer que l'élégance est inférieure à la vérité morale, je désire montrer que le premier objet d'une ambition louable doit être pour tous, sans distinction de sexe, d'être utile à ses semblables ; que le bien qui résulte pour le prochain des actions des hommes est la pierre de touche du mérite de ces actions. »

Mary Wollstonecraft réclame la liberté de la femme comme un *droit*, au nom du principe sur lequel les sociétés fondent le juste et l'injuste ; elle la réclame parce que sans la liberté il ne peut exister d'obligation morale d'aucune espèce, que sans l'égalité entre l'un et l'autre sexe la morale manque de base, cesse d'être vraie.

Mary Wollstonecraft dit qu'elle considère les femmes sous le point de vue élevé de créatures qui sont, de même que les hommes, placées sur cette terre pour développer leurs facultés intellectuelles. La femme n'est ni inférieure ni supérieure à l'homme ; ces deux êtres ne diffèrent, sous le rapport de l'esprit et de la forme, que pour s'harmoniser, et, leurs facultés morales étant destinées à se compléter par l'union, ils doivent recevoir le même degré de développement. Mary Wollstonecraft s'élève contre les écrivains qui considèrent la femme comme un être d'une nature subordonnée et destinée aux plaisirs de l'homme. À ce sujet, elle fait une critique très juste de Rousseau, qui établit que la femme doit être *faible et passive*, l'homme actif et fort ; que la femme a été formée pour être *assujettie à l'homme*, et enfin que la femme doit se rendre agréable et obéir à *son maître*, et que tel est le but de son existence. Mary Wollstonecraft démontre que d'après ces principes-là les femmes sont élevées à la ruse, à la duplicité et à la galanterie, tandis que, leur esprit restant sans culture et la surexcitation de leur sensibilité les laissant sans défense, elles deviennent victimes de toutes les oppressions. L'auteur prouve que le renversement de toute morale est la conséquence rigoureuse de ces principes. La tendance pernicieuse de ces livres, ajoute-t-elle, dans lesquels les écrivains dégradent insidieusement les femmes, alors même qu'ils sont prosternés devant leurs charmes, ne saurait être trop souvent signalée ni trop sévèrement censurée.

Mary Wollstonecraft s'élève avec courage et énergie contre toute espèce d'abus. « Les hommages et respects, dit-elle, dont la propriété est l'objet sont les sources empoisonnées d'où proviennent la plupart des maux qui font du monde une horrible scène à contempler. [...] Car tous cherchent à obtenir le respect par les richesses, et les richesses gagnées, n'importe comment, obtiendront le respect qui n'est dû qu'aux talents et à la vertu. Les hommes négligent tous les devoirs de l'homme, et néanmoins sont traités en demi-dieux. La religion s'est aussi isolée de la morale, et les hommes s'étonnent que le monde n'est plus qu'une caverne de filous et d'oppresseurs. »

Mary Wollstonecraft publiait, en 1792, les mêmes principes que Saint-Simon a répandus plus tard, et qui se propagèrent avec tant de rapidité à la suite de la révolution de 1830. Sa critique est admirable ; elle fait ressortir dans toutes leurs vérités les maux provenant de l'organisation actuelle de la famille ; et la force de sa logique laisse les contradicteurs sans réplique. Elle sape hardiment cette foule de préjugés dont le monde est enveloppé ; elle veut, pour les deux sexes, l'*égalité des droits civils et politiques*, leur *égale admission aux emplois*, l'éducation professionnelle *pour tous*, et le divorce à la volonté des parties. « Hors ces bases, dit elle, toute organisation sociale qui promettra le bonheur public mentira à ses promesses. »

Le livre de Mary Wollstonecraft est une *œuvre impérissable* ! Elle est impérissable, parce que le bonheur du genre humain est attaché au triomphe de la cause que défend *A Vindication of the Rights of Woman*. Cependant, ce livre existe depuis un demi-siècle, et personne ne le connaît !...

Promenades dans Londres, 1841

9.

André Léo, alias Léodile Béra
(1824-1900)

> « Plus la lumière s'étend dans le monde, plus s'affirme le droit humain, plus de classes et de races entrent dans l'égalité, plus leurs craintes s'éveillent au sujet du dernier fort de l'esclavage : leur foyer. »
>
> *Aline, Ali*, 1867

Romancière appréciée de Jules Vallès, journaliste brillante, militante socialiste courageuse, Léodile Béra se choisit un pseudonyme masculin, associant les prénoms de ses deux fils pour publier en 1862 son premier ouvrage : un roman intitulé Un mariage scandaleux. *Sous le nom d'André Léo et déjà engagée aux côtés des républicains contre le régime de Napoléon III, elle y dénonce un monde qui avilit les femmes. Sa famille d'origine poitevine s'était exilée en Suisse après le coup d'État de 1851 et elle y avait épousé un autre réfugié politique, Grégoire Champceix avec qui elle revint à Paris lors de l'amnistie de 1860. C'est chez elle qu'est élaboré en 1868 le programme de la « Société de revendications des droits de la femme » en présence de Louise Michel, Maria Deraismes, etc. Elle fait aussi paraître, avant et après la Commune, outre des romans, de nombreux articles dans la presse socialiste, suisse, belge et française, sur la misère paysanne, les disparités salariales entre les sexes, les faiblesses de l'éducation des filles. Pour avoir fondé deux* *journaux communards (*La République des travailleurs *et* La Sociale*), elle doit se réfugier à nouveau en Suisse avec son futur second époux, Benoît Malon, et ne cesse d'y écrire sur les droits des femmes et des travailleurs.*

Son traité de La Femme et les mœurs, *édité en 1869, est une réponse au sexisme du philosophe prolétarien Proudhon mais aussi à celui, plus doucereux, de l'historien Michelet, un de ces « littérateurs enchanteurs » qui mythifient/mystifient la Mère. Le premier avait réédité en 1868 son énorme succès, le* De la justice dans la Révolution et dans l'Église, *qui, paru dix ans plus tôt, proclamait l'incapacité définitive des femmes et leur soumission nécessaire à l'absolutisme masculin au sein de la famille. Seules qualités reconnues : le sens du sacrifice, la patience, la beauté. La phrénologie et « l'histoire » y étayaient une misogynie virulente soutenant que le génie fut toujours viril. « La femme auteur n'existe pas : c'est une contradiction. Le rôle de la femme dans les lettres est le même que dans la manufacture : elle sert là où le génie n'est plus de service, comme une broche, comme une bobine » de métier à tisser.*

Plusieurs féministes ripostèrent plus ou moins longuement mais en vain, tant le mouvement ouvrier français était hostile aux femmes. Dans son essai, Léo ne manque pas d'y faire allusion, forte des rapports présentés lors du premier congrès de l'Association internationale des travailleurs à Genève en septembre 1866, congrès où avait été affirmé que la place des femmes est dans la famille et leur travail hors du foyer « un principe de dégénérescence pour la race ». Elle opte pour une forme longue de réfutation, celle du traité en six points. L'introduction démarre avec les idées de Condorcet sur l'égalité et le rejet d'un vrai universalisme des droits par la Révolution et se poursuit avec les railleries dont furent accablées « les bas-bleus » du « mouvement féminin » des années 1830-1848, pour déboucher sur Proudhon et son affirmation des « trois infériorités de la femme » : faiblesse physique, inintelligence créatrice et fonction maternante. L'effort de Léo va porter sur une réfutation de ces trois points et du renfort que le droit fournit aux masculinistes, dans toutes les sociétés (chapitre V). La dernière partie, pour sa part, dresse un « état actuel de la question » qui évoque notamment les luttes des Américaines, des Anglaises et des Italiennes.

Le thème de la « maternité », quatrième partie de l'essai de Léo d'où est extrait le passage proposé, est un sujet sensible pour les (anti-)féministes de tous bords. Difficile de refuser l'idéalisation des tâches maternelles et la fausse sollicitude des hommes ! Difficile de ne pas voir l'alibi que représente la maternité pour éloigner les mères du marché du travail et de l'état d'ignorance ! Difficile d'ignorer cependant la réalité de ce que nous appelons « la double journée » (on parlait alors de « cinquième quart ») ! Les accents de Léo sont à la fois ironiques et pathétiques. Ils voudraient ébranler une domination qui est d'ordre politique. Son livre pose la question de l'émancipation des femmes en termes de pouvoir. N'a-t-il pas pour sous-titre : Monarchie ou Liberté ?

LA MATERNITÉ

Voici le grand argument, le sceau de la chaîne, par laquelle on attache de tout temps la femme à la case, au gynécée, et maintenant au foyer. On n'en saurait méconnaître l'importance. Il faut voir seulement si on ne l'a point exagérée, si même, d'un point de départ vrai, on n'est pas arrivé à de très fausses conséquences.

Qu'est-ce que la maternité ?

Le chœur des littérateurs et des poètes répond par des acclamations enthousiastes ; et même ailleurs, point de tête qui ne s'incline. La maternité, c'est le triomphe de la femme, sa grande et suprême fonction ! sa morale ! son génie ! la source inépuisable et sacrée des inspirations sublimes et fécondes ! l'océan d'amour ! etc.

Bon ! Mais en quoi consiste-t-elle ? Non pas seulement sans doute à concevoir l'enfant, le mettre au monde, l'allaiter ; c'est le fait de toutes les femelles, qui toutes soignent leur fruit avec amour. La mère humaine seule est ainsi divinisée. Pourquoi ? Parce qu'elle y met son âme, parce qu'elle s'élève de l'instinct à l'amour conscient, et que l'amour, en dépit des doutes, des blasphèmes, des sacrilèges, et surtout cet amour-là, si fidèle, si grand et si pur, est bien réellement ce qu'il y a de plus doux et de plus haut dans la vie.

La maternité est sublime, parce que sublime est son œuvre : le renouvellement de l'humanité par l'être neuf et naïf, pur de la fange des chemins déjà parcourus, libre de toute haine, de tout souvenir, de toute souillure, et que l'on peut, ainsi qu'une fleur dans un bon terrain, au soleil, soigneusement arrosée, pétrir de lumière, d'amour et de justice. La maternité, c'est la préparation de nos destinées ; c'est la réforme incessante de la création, ou plutôt la création même continuée, et perpétuellement agrandie ; œuvre suprême, où la connaissance et l'enthousiasme du beau dans tous les ordres est nécessaire ; où le génie des grands sculpteurs appelle à son aide celui des grands philosophes, et la foi de ces moralistes, qui parmi les rires et les doutes de l'humanité, à travers les glaives monarchiques et les huées populaires, tracent nos chemins dans l'idéal.

Que doit être donc l'ouvrière de cette grande œuvre, celle qui, plus particulièrement du moins, la fonde et la détermine ?

Le même chœur de littérateurs et de poètes, et la foule qui les suit, répondent : Une ignorante !

C'est le fond de la doctrine, avec des variantes, du plus au moins. Mais enfin le système, non seulement décrété, mais pratiqué, depuis le commencement du monde, est bien celui-là – parce que la femme est mère, elle doit rester à part de la science et à part de la liberté ; la connaissance et la responsabilité lui sont inutiles, et bien plus, funestes ! – N'est-ce pas, dites, quelque peu bizarre ?

Pensons-y bien : ce serait à cause de l'importance de la sainteté de la fonction maternelle que la femme devrait être privée d'une large culture intellectuelle ? – de cette dignité qui résulte de la possession de soi ? de la responsabilité de ses actes, qui seule constitue la moralité ?

C'est à cause de la maternité que lui seraient interdites les fortes études ? ainsi que les grands bénéfices du travail sérieux ?

La femme serait d'autant plus mère, c'est-à-dire d'autant plus propre à élever ses enfants, à développer leur âme, à préserver leur santé, qu'elle prendrait moins de part et d'intérêt à la vie sociale ! qu'elle serait plus ignorante, plus atténuée comme personne morale et intellectuelle !

La grande fonction du renouvellement de l'humanité, serait le mieux remplie par un être privé de son dévelop pement normal, et atrophié dans une part de sa vie, la plus importante ?

Ces choses-là se discutent-elles ? – Non ; il suffit de répéter le mot célèbre : qui trompe-t-on ici ?

– Et pourtant il y a vraiment des naïfs qui sérieusement s'écrient : Que deviendront les enfants, si la femme abandonne le foyer pour les préoccupations de la vie publique ?

Voyons un peu. – Mais d'abord constatons une chose dont on aurait pu s'apercevoir : c'est que la femme n'est pas toujours et perpétuellement occupée par la maternité.

D'abord, depuis sa naissance, jusqu'à son mariage, 18 à 20 ans (ce ne serait pas trop de 25) s'écoulent.

Pendant ce temps, dira-t-on, elle doit se préparer à son rôle de mère.

Mais n'est-il pas par trop sans façon de prétendre que la femme naisse uniquement pour la fonction maternelle, tandis que l'homme naîtrait, lui, tout bonnement pour la vie humaine, c'est-à-dire pour lui-même ?

La femme naît, aussi bien que l'homme, pour la vie, ainsi que ses diverses aptitudes le démontrent ; et, de même que pour tout être conscient, son devoir ne relève que de sa conscience, à elle ; il ne peut être antérieur à sa liberté.

C'est donc pour la vie qu'elle se prépare, et, comme toutes les justices se rencontrent, c'est en se préparant pour la vie qu'elle se prépare pour la maternité. L'a-t-elle acceptée, oui, sans doute, elle s'y doit absorber, et rien, ni l'art, ni la science, ni la recherche, ni aucune autre réalisation, n'est plus absorbant, parce que la maternité est la somme et le summum de toutes choses humaines. Là il ne faut semer, sous forme d'impressions, que des idées justes ; reconnaître en germe les déviations probables et tout diriger en haut vers la lumière ; il y faut en un mot la science suprême, celle de l'être, pour laquelle, si intelligente et si préparée qu'elle soit, la femme ne le sera jamais assez, et devra s'aider, avec intelligence et sincérité, des forces du père, de la famille, de la société.

Mais enfin, si grande et si noble que soit cette tâche, elle devient peu à peu moins absorbante, et quelque jour cesse, dans la liberté complète et l'amitié de l'enfant, devenu l'égal. Les soins maternels, dans leur période spéciale, ne demandent guère à chaque femme, en moyenne, qu'une dizaine d'années, disons : quinze ans, si l'on veut. La vie normale de chaque être est de soixante à soixante-dix ans. Doit-elle être sacrifiée toute entière à cet espace de dix ou de quinze années ?

C'est dans ce point unique cependant qu'on veut absorber et fondre toute la destinée de la femme. C'est pour cela que dans les récentes discussions populaires à ce sujet, on faisait abstraction de la nécessité même pour soutenir que la femme doit être affranchie de tout travail.

Comprend-on des travailleurs, dont la fonction ne pourrait s'exercer que pendant dix ou quinze années, et qui demanderaient pour ce fait à rester oisifs, et nourris du travail commun, tout le reste de leur vie ?

Mais ce n'est pas la femme qui réclame cette immunité. Et ce n'est pas non plus dans son intérêt qu'on la réclame.

Il faut ajouter que pour un nombre de femmes assez considérable : celles qui ne se marient pas, et celles qui, mariées, n'ont pas d'enfants, ce dévouement forcé aux inconvénients d'un système, dont elles ne récoltent pas les avantages, est par trop injuste. Celles-là, quelles raisons, quels prétextes alléguer pour leur interdire, aussi bien qu'à la mère devenue libre, l'accès de n'importe quelle carrière ou fonction choisie par elles ? Que ce soit la règle, l'exception, qu'importe ? Que ce soit la liberté !

Il n'est que trop accepté, aux deux extrémités des fortunes humaines, que la femme abandonne ses enfants, ici, pour le travail, là, pour le plaisir. Pourquoi donc ceux qui s'écrient le plus haut que la maternité est la seule vocation de la femme, combattent-ils ces deux grands fléaux de la famille : la misère et la coquetterie, avec bien moins d'ardeur qu'ils ne combattent l'éducation scientifique pour la femme ? Pourquoi ? si ce n'est qu'au fond ce respect affecté de la maternité n'est que le profond émoi d'une domination ébranlée ?

Pourquoi cette exagération d'égards, de tendresse, qui va jusqu'à refuser à la femme le travail, cette noble et nécessaire gymnastique ?

Parce que le travail signifie indépendance.

Pourquoi cette peur insensée, illogique, de la connaissance, de la réflexion, du libre développement de l'être ?

Parce que de la connaissance dérive la volonté, comme de l'ignorance l'incertitude. Qui pense et qui sait veut ; tous les despotes sentent cela.

Et l'analogie est si complète, qu'il n'est pas un argument fourni par les adversaires de la femme, qui ne soit tiré de l'arsenal des pouvoirs divin et temporel.

– Si la femme, trop adonnée aux choses de l'esprit, néglige ses devoirs maternels ? si la liberté chez elle devient licence ?

Mais la liberté c'est la force ! et la force est la santé ! C'est la faiblesse qui se livre et qui s'abat. Tristes incroyants, qui estiment que l'intelligence et la liberté conduisent au mal ! Et puis, quoi ? de ce que l'excès est possible, s'en suit-il que l'usage de tout bien doive être interdit ?

Jamais encore affamé n'a réclamé sa place au banquet social, qu'on ne l'ait écarté sous accusation d'insobriété probable. C'est trop de sollicitude. La vie a ses risques et périls, et la liberté les siens. Mais les prévenir par la mort ou par l'esclavage, dépasse les bornes de la prudence.

Tout ce creux système, si favorable à la tirade et à l'amplification, s'écroule dès qu'on y touche, et ne se compose que de phrases. On exalte à l'envi le rôle de la mère et le génie maternel : la littérature a exploité cette veine avec enthousiasme ; le théâtre possède sur ce sujet les clichés les mieux sentis, que répètent volontiers dans les conversations, ou même en certaines occasions de la vie privée, les gens impressionnables. Mais, en réalité, dans la vie intime et de tous les jours, la mère n'en est pas plus respectée. Elle ne l'est pas, parce qu'elle ne saurait l'être ; parce qu'en dépit de la rhétorique la logique a ses droits, et que lorsque les faits contredisent les mots, les mots ont tort.

On ne respecte que ce qu'on estime. Et selon nos mœurs actuelles, qu'il faut voir telles qu'elles sont, ce qu'on estime le moins ce sont les vertus simples et passives, le désintéressement, la bonté, le devoir rempli, surtout lorsque les soins qu'entraîne ce devoir ont un caractère servile et en apparence futile, et quand à ces vertus s'allient beaucoup d'ignorance et de nombreuses incapacités. Ce qui commande l'estime, c'est la force intellectuelle ; ce qui commande l'estime, plus encore, hélas ! – la déférence du moins – aux temps où nous sommes, c'est le pouvoir.

Or, la mère est dépourvue, de par nos usages et de par la loi, de tout élément d'influence et d'autorité. Elle ne dispose librement de quoi que ce soit ; ni la satisfaction des besoins, ni celle des plaisirs ne dépendent d'elle. Qu'il s'agisse de l'éducation des enfants, de leur carrière, d'incidents graves de leur vie, de leur mariage, la mère ne tient au conseil que l'humble place d'un préopinant sans droits, dont l'avis peut être écarté sans cérémonie. En toute décision importante, la volonté du père importe seule, et les enfants le savent bien. Peut-être l'excès d'une telle injustice exciterait-il leur indignation ? mais quoi ? ne voient-ils pas la profonde incompétence de leur mère à l'égard de tous les sujets sérieux, et cette harmonie entre l'éducation et la loi ne doit-elle pas suffire à convaincre des esprits peu réfléchis que les choses sont comme elles doivent être ? On accorde donc à sa mère l'affection un peu dédaigneuse, dont le père lui-même donne l'exemple ; on accepte ses soins et ses gâteries comme chose due, par bonté pure, car la femme a des besoins de tendresse à satisfaire ; on méprise ses avis ; on raille ses inquiétudes ; la mère entend le nom de *femme* tomber avec dédain de la bouche de son fils. Qu'à tout cela se joignent des déférences extérieures, ou même des adorations poétiques, cela n'y fait guère. Toujours illogique à l'égard de la femme, l'homme se plaît à se poser en ce qui la touche, des problèmes d'inconséquence, qu'il parvient à résoudre à sa propre satisfaction. On ne se réserve pas impunément la science à soi seul.

Quoi qu'on *dise* d'ailleurs, le fait est là, dans son écrasante réalité : la femme est subordonnée ; donc, inférieure pour tous ceux qui ne séparent pas le fait du droit, c'est-à-dire pour l'immense majorité des hommes, pour les fils aussi bien que pour les maris. Et puis, nous parlons toujours des classes élevées, c'est-à-dire du petit nombre. Mais qu'on aille visiter les intérieurs populaires. Aux yeux de l'homme du peuple, qui, lui, ne se pique pas de quintessence, le respect d'un être auquel on n'accorde pas le sens commun nécessaire pour se conduire lui-même, et faire ses propres affaires, ce respect-là n'est qu'une simagrée des gens comme il faut ; et il ne se met nullement en peine de les imiter sur ce point, n'en croyant pas plus mal faire. Au village, le fils devenu chef de famille, c'est le *maître* ; sa vieille mère, aussi bien que sa femme, le nomment ainsi, et ce n'est pas la vieille mère qui sera le moins durement commandée, le moins grossièrement remontrée. Là, c'est-à-dire chez l'immense majorité – se réalise encore dans toute sa splendeur la maxime hindoue : la femme doit obéir, fille à son père, femme à son mari, mère à son fils.

Au fond, ce sentiment est partout le même. À part certaines familles, très exceptionnelles, où le sentiment élevé de ce qui doit être imposé aux enfants la sainte ignorance de la loi, il n'est pas un fils qui, dès l'âge où il peut comprendre l'état de choses régnant – dans la plupart des ménages il ne faut, pour cela, qu'écouter et voir – ne respecte moins sa mère que son père. Il n'en saurait être autrement ; et tous les cris d'horreur et toutes les périodes de toute une légion de Prudhommes n'y changeront rien. L'influence du fait, bien plus forte que celle du droit, impose ce sentiment au cœur des hommes – disons, si l'on veut, des hommes vulgaires ; mais je prie les autres de se bien sonder.

On peut donc éditer, et rééditer, les plus jolies phrases sur le divin rôle de la mère, de la femme, dans l'humanité. Aussi longtemps que la femme restera intellectuellement et légalement inférieure, elle restera méprisée. Le christianisme aussi a dit de fort belles choses sur l'égalité du pauvre et du riche, de l'esclave et du maître (non de la femme et de l'homme ; il faut lui rendre justice à cet égard). Comme il s'est contenté de les dire, et a renvoyé toute liquidation après cette vie, ses maximes sont restées lettres mortes, et l'on sait de quel air un dévot de haut parage fait l'aumône à son frère en Jésus-Christ, couvert de haillons.

Le premier sentiment de dédain à l'égard de la femme, qui naît du spectacle des choses, se complique admirablement, à l'âge des passions, de la différence des deux morales. Habitué déjà à se considérer comme suzerain, sûr de l'impunité matérielle et morale, comment l'homme n'abuserait-il pas d'un être que lui abandonnent les lois et l'opinion ; que lui livrent une insuffisance d'esprit soigneusement préparée, la coquetterie, l'ignorance et, tantôt l'oisiveté, tantôt la misère ? On invoquera la pitié, la justice… enfantillage ! l'homme encore une fois ne respectera la femme que lorsqu'elle sera son égale en droit et en fait, armée des mêmes droits et des mêmes puissances.

C'est, j'en conviens, une vérité dure, qui prête peu aux beaux sentiments et aux phrases sonores ; mais c'est une vérité humaine, que prouvent à l'envi, et le spectacle du monde actuel et tous les enseignements de l'histoire. Non – pas encore du moins – un ordre de choses ne se change par de simples exhortations. Non, pas encore, dans le monde, la générosité n'est de taille à remplacer la justice. – Que penseraient les propriétaires d'un législateur qui abolirait le code pénal, en se bornant à faire appel à la probité des citoyens ?

Enfin, s'il est reconnu en démocratie que droit et devoir s'impliquent et sont les deux faces du même fait moral, qu'on cesse de faire du devoir le plus étendu et le plus sacré, un titre d'esclavage. Qu'on cesse d'élever les devoirs de la femme contre ses droits.

La Femme et les mœurs, 1869

10.

Maria Deraismes
(1828-1894)

« En France, la suprématie masculine est la dernière aristocratie. »

Discours tenu en loge pendant l'initiation de Maria Deraismes, 1882.

Femme « à la générosité débordante » (Odile Krakovitch), oratrice, dramaturge et journaliste républicaine et anticléricale, Maria Deraismes se fait connaître en 1863 par un Théâtre chez soi *que suivent d'innombrables articles et conférences dont les textes furent édités sous le titre* Ève dans l'humanité *en 1891. En 1869, elle fonde, avec le radical-socialiste Léon Richer, l'hebdomadaire devenu mensuel* Le Droit *(un temps* L'Avenir*)* des femmes *et, l'année suivante, l'organisation féministe « L'Association pour le droit des femmes » où se fondirent plusieurs organisations féministes. Elle est de ce fait l'organisatrice du « Premier congrès français international du droit des femmes » (Paris, août 1878) et de ceux qui suivirent en 1889 et 1892. Elle écrit dans tous les grands journaux de l'époque sur toutes sortes de sujets, dont la vivisection, la promotion du parti radical, le droit des enfants, l'adultère, etc. Elle bataille avec vigueur contre l'injustice des magistrats à l'égard des Communardes et contre la misogynie d'auteurs comme Barbey d'Aurevilly, Alexandre Dumas fils et Victorien*

Sardou. Cette énième querelle à propos des facultés intellectuelles féminines l'a rendue célèbre, mais elle fait un peu oublier son rôle majeur dans plusieurs des orientations du féminisme français à la fin du XIX*e siècle, notamment dans ce qu'on a appelé « la politique de la brèche » : donner la priorité à l'égalité civique (les droits civils) au détriment des droits politiques. Ses combats pour l'égalité des salaires et pour une éducation obligatoire des filles placée hors du contrôle de l'Église s'expriment aussi au sein de la franc-maçonnerie où elle fonde en 1893 la première loge mixte, « Le Droit humain ». Son activisme s'inscrit donc dans une logique de consolidation de la république bourgeoise dont les abus doivent être moralement et politiquement réformés sans que devienne prioritaire le vote des femmes. Leur émancipation ne saurait être obtenue qu'« à petits pas ».*

Son originalité s'exprime plus encore dans sa défense des droits féminins au plaisir sexuel – un sujet tabou – et dans ses condamnations, explicites et réitérées, de la prostitution, dont elle fait moins une « plaie sociale » et un problème d'hygiène publique qu'un sous-produit du patriarcat. Lectrice de Fourier et de son « harmonie universelle », grande bourgeoise riche et indépendante, femme élégante sans attaches conjugales « par refus de la servitude », elle récuse les amours vénales au nom du droit et de la science, ici promue en instance neutre. C'est à la tribune d'une des commissions qu'elle préside au second congrès du Droit des femmes en juin 1889 qu'elle prononce le discours « Mœurs et prostitution » applaudi par toutes les déléguées, tant la condamnation de la prostitution fait alors l'unanimité au sein de l'ensemble des mouvements féministes.

Moraliste et hédoniste, prédicante et scientiste, Maria Deraismes revient dans ce texte sur les préjugés *qui font de toutes les femmes des serves et des vassales, préjugés qui veulent voir dans les appétits masculins un fait de nature légitime et jamais défaillant. Les propos des deux Dumas (le père, dont elle cite le « je l'ai assassinée » qui clôt le drame* Anthony, *et le fils qui conclut son pamphlet de 1872,* L'Homme-Femme, *par un « Tue-la ») lui servent d'exemples repoussoirs. L'association d'idées qui la fait passer des eunuques de sérail aux clients de maisons closes n'est pas si banale dans un pays comme la France, réputé pour ses mœurs policées et son haut degré de civilisation. Loin de se contenter de dénoncer la règle des deux morales qui a longtemps géré les relations amoureuses en Occident, elle prend à partie un État (maquereau ?) qui continue à réglementer la prostitution alors que l'Angleterre, en la personne d'une « femme dévouée » (Joséphine Butler), y a mis fin. Dans un contexte internationaliste, les derniers paragraphes de son discours dénoncent le retard français.*

Avec l'appui des médecins et des criminalistes affolés par les contaminations vénériennes, la réglementation propre aux maisons closes ne sera abolie en France qu'en 1946 (loi Marthe Richard).

Mœurs et prostitution*

[…] Notre morale se base actuellement sur une contradiction scientifique, donc elle est immorale. Pourquoi ? C'est que tout ce qui a trait aux relations des deux sexes touche à la physiologie, c'est-à-dire à l'étude du mécanisme humain à l'état dynamique, et à la recherche des lois qui régissent le fonctionnement des organes, et qui en déterminent les actes et leurs limites. À cet égard, toute règle formulée et prescrite *a priori* est sans valeur ; elle n'est plus qu'une discipline imposée arbitrairement et qui ne s'observe qu'en apparence.

Jusqu'ici, sur ce point, ces règlements ont pour source une fausse appréciation des attributs des deux sexes.

Comme réminiscence des vieilles traditions cosmogoniques et théogoniques, la science a longtemps affirmé, sans attendre la consécration nécessaire de la méthode expérimentale, que l'homme a une puissance génétique supérieure à celle de la femme ; qu'il caractérise l'élément fécondateur créateur, et qu'en vertu de cette exubérance dynamique, prérogative du principe mâle, il est autorisé à professer des mœurs libres parce que, chez lui, les énergies vitales sont tellement intenses qu'il ne saurait les contenir dans les bornes exclusivement légales réclamant des délais, sans faire courir les plus grands dangers à sa santé et à sa raison.

D'autre part, il a été statué que le principe féminin étant essentiellement passif et réceptif, les exigences génétiques sont très limitées chez la femme ; que son plus bel apanage est la pudeur, la chasteté, et que, pour cette raison, elle doit, sous peine de la réprobation publique, n'établir avec l'autre sexe que des relations consacrées par les lois.

Ainsi, un dilemme se pose devant nous : ou les hommes seront perpétuellement déçus dans leurs aspirations les plus impérieuses, en conséquence les plus légitimes, ou les femmes transgresseront la loi de réserve qui leur est imposée.

Vous conviendrez alors que la situation de la femme devient singulièrement critique : elle se trouve entre le fameux : « Elle me résistait, je l'ai assassinée » de Dumas père et le non moins fameux : « Tue-la », de Dumas fils.

Eh bien, il n'est pas admissible que la nature se fasse opposition à elle-même, lorsqu'il s'agit d'une base fondamentale de laquelle dépendent la transmission de la vie, la perpétuité de l'espèce, enfin la continuité de l'humanité.

Les idées préconçues et les préjugés ne doivent pas troubler l'ordre naturel et mettre en présence une liberté sans borne et une restriction à propos d'un même acte nécessaire, tandis que le monde des êtres vivants nous montre dans toutes les espèces, pendant la période génératrice, la concordance des instincts chez les individus des deux genres et leur consentement réciproque pour les satisfaire. Donc, l'humanité, qui est au summum, ne peut faire une regrettable exception et rompre, sur ce point, l'harmonie universelle.

L'erreur ne vient donc pas de la nature, mais de la société.

L'Orient a cru résoudre le problème en instituant la polygamie, ou, pour être plus explicite, la polygynie. Seulement, il lui a fallu recourir à des moyens anormaux, tels que la séquestration des femmes et la mutilation de leurs gardiens ; deux violations de la nature.

L'Occident favorise la prostitution, en d'autres termes le commerce de la chair humaine ; elle viole en même temps la liberté et la dignité de l'être conscient. [...]

La prostitution régie par l'État réduit à néant les principes de justice, de droit, de solidarité sur lesquels s'appuient les sociétés modernes. Le mépris de la loi, dans ce qu'elle a de plus auguste et de plus sacré, est quotidiennement autorisé.

En effet, dans l'esprit de la loi, toute peine, tout châtiment infligé a toujours comme but la moralisation présumée du condamné, lors même que les moyens expiatoires employés sont défectueux. Or, le contraire arrive dans la prostitution patronnée par l'État, la délinquante est considérée comme incurable et loin de s'efforcer à la moraliser, on l'oblige à récidiver d'office. C'est ainsi qu'une jeune fille, une femme appréhendée sur la voie publique pour excitation à la débauche, est immédiatement inscrite comme devant continuer à se prostituer, suivant la volonté des passants. Dans ce cas, c'est l'État qui est récidiviste !

La société croit se justifier en arguant qu'il n'existe ici ni jugement, ni condamnation, que c'est simplement un règlement de police, une mesure administrative, dont l'objet est d'assurer l'ordre public et la décence extérieure.

Cette soi-disant justification n'est qu'une aggravation : Quoi ! Une mesure administrative, un règlement de police sont au-dessus de la loi et lui jettent un défi ?

Qu'on avoue donc franchement que c'est une façon ingénieuse, mais absolument criminelle, de satisfaire la dépravation des hommes ; et le comble de l'impunité, c'est que l'homme complice reste indemne. Évidemment, si les femmes étaient pour quelque chose dans l'élaboration des lois, cette iniquité scandaleuse n'eût jamais eu de réalité. Quant à cet ordre extérieur, cette décence de la vie publique qu'on prétend respecter, n'est-ce pas dérisoire ? La morale est-elle sauvegardée parce que dans chaque quartier les prostituées ne doivent parcourir qu'un espace déterminé ? La morale est-elle sauvegardée lorsque les établissements de débauche se distinguent par des signes extérieurs visibles à tous ?

Deux solutions se présentent : ou les hommes peuvent régler leurs mœurs et s'en tenir au mariage ; ou il faut déclarer les mœurs libres pour les deux sexes avec une égale responsabilité des deux parts : recherche de la paternité, etc.

Il est démontré expérimentalement que les deux sexes peuvent régler leurs mœurs, sans quoi nous serions contraints de reconnaître que l'instinct chez les animaux est plus puissant que la volonté chez les humains, d'autant qu'il ne s'agit pas d'abstention, mais de limitation. Sans doute il se produira toujours des défaillances, des chutes, mais du moins ne seront-elles ni préméditées ni autorisées.

D'ailleurs il est nécessaire, avant toute conclusion définitive, de distinguer ce qui appartient à la nature de ce qui est le fait d'une fausse éducation.

Suivant la loi naturelle, qui est la seule vraie, les forces individuelles sont restreintes ; pour résumer, nul n'a d'excédent de forces. On en trouve la preuve dans les ouvrages de pathologie et de thérapeutique qui démontrent que les forces individuelles paraissent toujours insuffisantes pour la durée de la vie. Il n'y est toujours question que de réconfortant, de réparation et de réfection des énergies organiques, qui défaillent prématurément dans l'exercice de la vie au beau milieu de son parcours.

À quoi nous en prendre, si ce n'est au gaspillage des forces mal gérées en humanité ? Et qui est responsable de ce gaspillage si ce n'est l'éducation sotte et coupable donnée à la jeunesse masculine ?

Dans l'hypothèse où l'on proclamait la liberté des mœurs, comme un fait normal pour les deux sexes et sans déconsidération pour aucun d'eux, quelles en seraient les conséquences ? N'est-il pas permis de craindre que la bride lâchée aux sens et à l'imagination surexcité n'ait pour suite que l'exagération et l'exaltation des instincts inférieurs et leur prédominance sur les instincts élevés ?

En pareille matière, l'éducation est à refaire. La raison qui est la faculté directrice suffit à ordonner la gestion de l'organisme, et la volonté cultivée en exécute les sentences.

La prostitution est une tache, une ignominie séculaire qu'il faut au plus vite faire disparaître sous peine d'immobiliser le progrès.

En Angleterre, l'énergie d'une femme dévouée, groupant autour d'elle tout un parti, a été assez puissante pour délivrer le pays de cette odieuse prostitution réglementée, insulte faite à notre sexe. [...]

Pour venir à bout de cette plaie sociale, il est nécessaire qu'une protestation publique se produise avec éclat ; il n'y a plus à invoquer la question d'hygiène, la science médicale a fait justice de ces erreurs ; elle a démontré par une série d'exemples probants que la réglementation était plus funeste que favorable à la santé publique.

Donc, permettez-moi de formuler ce vœu :

Considérant que la prostitution à laquelle l'État prête son appui est le plus grand outrage fait à la conscience humaine ;

Considérant tous les maux sociaux qui en résultent ;

Je demande que les femmes étrangères, dont les pays sont soumis à ces honteux règlements, s'unissent aux femmes françaises, pour réclamer l'abolition de la police des mœurs.

[Ce vœu mis aux voix est voté par acclamations.]

Discours prononcé au congrès
du Droit des femmes, juin 1889

11.

Hubertine Auclert
(1848-1914)

> « Est citoyenne – d'après M. Littré – la femme qui jouit du droit de cité dans un État. [...] Il ressort de toute évidence que le droit politique est pour la femme la clef de voûte qui lui donnera tous les autres droits [...]. »
>
> *La Citoyenne*, 13 février 1887

Figure clef du féminisme de la Troisième République, Hubertine Auclert collabore dès 1873 avec Maria Deraismes et Léon Richer, fondateurs de l'Association pour le droit des femmes, mais elle crée, trois ans après, sa propre organisation (« Le Droit des femmes », devenu « Le Suffrage des femmes » en 1883) pour mener campagne en faveur du droit de vote. Son action se focalise prioritairement sur les droits politiques et dans ce but, elle crée aussi son propre journal, hebdomadaire puis mensuel, La Citoyenne *(1881-1891). Elle ne cesse par ailleurs de faire des apparitions publiques, pétitionnant, haranguant, et manifestant sans relâche, et cela avant comme après un séjour en Algérie auprès de son compagnon, le magistrat Antonin Lévrier, épousé en 1888 et mort en 1892. « Féministe » (la première à se revendiquer comme telle), l'écrivaine rêve de donner une éducation (française) aux petites Algériennes, et inscrit cette question « sociale » dans le programme civilisateur du colonisateur et de celles qui devront y collaborer. À son retour en France, elle se préoccupe de mille autres sujets et avant tout du suffrage. Cette question est pour elle centrale et lui vaut les surnoms malveillants de « suffragette française » et de « pétitionnaire d'habitude ». Elle refuse de remplir sa feuille de recensement et de payer les impôts, puisque, femme, elle ne compte pas. Elle brûle une copie du Code civil lors du centième anniversaire de celui-ci en 1904 et renverse une urne lors des élections de 1908 pour dénoncer « le mensonge » du « suffrage unisexuel » (une belle invention verbale d'Hubertine en cette année-là).*

Sensible à toutes les formes d'injustice (comme socialiste et comme féministe) et impatiente d'obtenir des résultats tangibles, elle s'est intéressée à la féminisation du vocabulaire usuel (question alors rarement évoquée sauf sur le mode burlesque) mais elle a surtout consacré beaucoup d'énergie au problème du libre accès des femmes au marché du travail, une question sensible dans une République de socialistes militants. Le mouvement ouvrier n'est pas en reste qui a fait de « la femme au foyer » un idéal, les uns et les autres justifiant le refus du vote et la protection des femmes par la division fonctionnelle du travail : domestique versus *salarié, sphère privée* versus *arène publique. Pour contrer ces discours, elle oppose des faits et des chiffres et développe une argumentation logique et solide à base d'exemples et de brèves questions/réponses. Forte du cas des nourrices et des tailleurs, elle ose imaginer de salarier les ménagères, de mettre les hommes aux fourneaux (du travail dit « improductif ») et d'élever les revenus des couturières. Surtout elle met en parallèle condition féminine et condition ouvrière et, transformant en question* sociale *la situation faite aux femmes dans le domaine économique, elle l'inscrit dans un programme strictement politique : leur donner le droit d'élire et d'être élues, c'est-à-dire d'être représentées en tant que telles.*

« Femme – c'est-à-dire exploitée – », une réalité mais aussi une formule pour convaincre : prôner l'interdépendance des sexes et conjurer la peur masculine (une émasculation pour Joan Scott) de voir disparaître le privilège exclusif du vote, un « droit » qui confirme tous les avantages immémoriaux. Selon Auclert, dès 1879, « une République qui maintiendra les femmes dans une condition d'infériorité ne pourra pas faire les hommes égaux ».

Femmes !
Vous allez prendre notre place...*

J'ai dit que les femmes devaient être indépendantes de l'homme au point de vue économique : aussitôt est tombée sur moi une avalanche de malédictions masculines.

Les hommes me reprochent d'inciter les femmes à prendre leur place : partager une place ce n'est pas la prendre. J'engage les femmes, plutôt que de se vendre légalement dans le mariage, ou illégalement sur le trottoir, à jouer des coudes pour arriver à enlever, à force de lutte, ce qui leur est indispensable pour vivre libres.

Ce ne sont pas les hommes qui cumulent tant de fonctions et meurent parfois de l'excès de leur superflu qui sont reçus à se plaindre.

Les hommes disent qu'ils ont peur que les femmes, en les obligeant à se serrer pour leur faire place dans la société, dérangent leur position, fassent diminuer leurs salaires. C'est un vain prétexte ; ces Français qui craignent tant de se gêner pour les femmes admettent chaque jour au milieu d'eux des hommes étrangers. C'est par centaines que les Chinois, les Japonais, les Italiens, les Allemands viennent journellement offrir chez nous du travail au rabais ; nos nationaux le savent ; ils n'en souhaitent pas moins la bienvenue à ces étrangers ; ce sont des hommes ; tous les hommes de la terre ne sont-ils pas solidaires ?

Toi, Allemand, disent-ils, tu es mon frère, je t'aplanirai les difficultés ; il faut bien que tu travailles, puisqu'il faut que tu manges.

Bien autre est l'accueil fait aux femmes quand elles s'avisent d'entrer dans les industries que les hommes se sont appropriées. Dès leur arrivée, les quolibets pleuvent, puis bientôt viennent méchancetés, insultes et enfin dénigrement de leurs capacités, de leur valeur de travail.

On parle de la vaillance et du courage que les militaires déploient pour conquérir une ville fortifiée. Ce n'est rien, en comparaison du courage et de la vaillance que les femmes ont à déployer pour se faire leur place dans les métiers que les hommes ont fait leurs. Et les hommes n'ont pas honte d'étaler leur lâche égoïsme : « Quand il vient des femmes dans notre profession, me disait un jour un portefeuilliste, nous les faisons tant souffrir que nous les obligeons à quitter le métier. »

Ainsi la solidarité qui peut exister entre un Français et un Prussien, n'existe pas entre un homme et une femme de nationalité française.

L'entrée des femmes dans les professions des hommes ne fera pas diminuer les salaires, bien au contraire ; après le tassement nécessaire pour que chacun, homme et femme, se case, ouvriers et ouvrières, employés et employées, n'ayant plus de concurrence à redouter, pourront organiser de formidables grèves, et jusqu'à un certain point dicter des conditions à leurs employeurs.

Aujourd'hui que l'homme est à peu près seul pour nourrir le ménage, s'il fait grève, sa femme et ses enfants sont sans pain et comme, plutôt que de mourir de faim, les plus braves capitulent, l'homme, après quelques jours de résistance, signe un nouveau contrat avec la misère.

Tandis que si la femme avait une profession rétribuée, le salaire d'un des époux pouvant à la rigueur subvenir aux besoins du ménage, l'autre pourrait facilement se coaliser avec les membres de sa profession pour demander l'augmentation du prix de son travail.

Mais, pour que la femme ait la possibilité de faire un travail productif, il faut que l'homme partage avec elle le travail improductif.

Qu'on n'objecte pas qu'il y a telles fonctions qui sont du domaine de la femme, telles autres du domaine de l'homme. Toutes les fonctions improductives que l'on attribue aux femmes dans la maison sont, dans la société, remplies par les hommes pour de l'argent.

Pour de l'argent, il y a des hommes qui balayent, nettoient, brossent chaussures et vêtements ; pour de l'argent, il y a des hommes qui cousent, qui raccommodent ; pour de l'argent, il y a des hommes qui font la cuisine, mettent et ôtent le couvert, lavent la vaisselle. Pour de l'argent, il y a des hommes qui prennent soin de tout jeunes enfants.

La besogne que les hommes ne dédaignent pas de faire moyennant rétribution, n'est pas devenue subitement indigne d'eux parce qu'elle est faite gratuitement dans le ménage.

La répugnance des hommes pour les affaires domestiques n'est pas inhérente à leur sexe ; elle vient simplement de ce que, dès la naissance on traite les petits garçons en pachas ; après leur mère, ce sont leurs sœurs qui se font leurs servantes. […]

Présentement, pour gagner plus d'argent que la femme, l'homme fait beaucoup moins de travail ; et quand il sort des administrations, des manufactures ou des ateliers, c'est pour fumer sa pipe ou son cigare, aller boire ou flâner, tandis que, quand la femme quitte harassée son lieu de travail, c'est pour recommencer un autre travail, celui du ménage ; la femme est soumise à un réel travail de continuité.

Cela n'est juste ni logique, puisque le travail de l'intérieur profite à l'homme autant qu'à la femme ; il doit être fait en commun par l'homme et par la femme. Dans un ménage bien ordonné, la peine comme la récréation doivent être partagées.

Il ne faut pas chercher ailleurs que dans l'infériorité sociale et politique de la femme son infériorité économique et productive. Parce que la femme n'est pas une personne autonome, parce que la femme est considérée comme un satellite de l'homme bien plus que comme un être qui a sa vie propre, tous ses actes sont dépréciés.

Pour que le monstrueux préjugé qui fait attribuer pour un même travail un paiement plus fort à l'homme qu'à la femme cesse, il faut que le préjugé contre le sexe féminin cesse, il faut que la femme soit relevée de sa position de bête de somme et reconnue l'égale de l'homme.

Pour que le préjugé des industriels envers le travail des femmes cesse, il faut que le préjugé du grand maître qui donne l'exemple, le préjugé de l'État cesse.

Pendant que l'État repousse les femmes des fonctions dont il dispose, qu'il infériorise le labeur de l'institutrice, le labeur des employées des Postes et Télégraphes, on peut dire que, le premier exploiteur de la femme c'est l'État ; les industriels en rétribuant mal le travail des femmes ne font que suivre les errements de l'État.

Mais pour que l'État soit juste envers les femmes, il faut qu'au lieu d'être comme maintenant l'association des hommes, il soit l'association des hommes et des femmes.

Le travail facile et bien rétribué ne sera véritablement accessible aux femmes, que quand, au point de vue du droit, les femmes seront sur le pied d'égalité avec les hommes.

Alors l'équité remplaçant la concession actuelle, la faveur fera place au mérite. Tous les emplois, toutes les places seront donnés au concours et ces concours seront ouverts aux femmes aussi bien qu'aux hommes.

La Citoyenne, 31 juillet 1881.

La citoyenne*

Est citoyenne – d'après M. Littré – la femme qui jouit du droit de cité dans un État.

La Constitution de 1791 a distingué la qualité politique du citoyen de la qualité civile du Français ; elle a fait du droit de suffrage l'apanage exclusif du citoyen.

Pour ce journal, dont le but est de revendiquer l'égalité de la femme et de l'homme, nous n'avons pas pensé trouver un meilleur titre que *La Citoyenne*, car nous voulons pour la femme non seulement la qualité civile du Français, mais encore la qualité politique du citoyen, et même – cela paraîtra peut-être étrange à quelques-uns – l'examen des événements passés et l'observation des événements présents nous font subordonner l'affranchissement civil de la femme à son affranchissement politique. Ceci exige un mot d'explication.

Qu'entend-on par affranchissement civil de la femme ?

Par affranchissement civil de la femme, on entend l'abrogation d'une foule de lois vexatoires qui mettent la femme hors la justice et hors le droit commun.

C'est d'abord la loi absurde qui s'oppose à ce que moi, femme, je puisse être propriétaire du titre ou gérante de ce journal, alors que j'ai plus qu'un homme besoin d'un journal pour dénoncer les abus dont je souffre en ma qualité de femme.

C'est la loi sur le mariage qui fait de la femme mariée et de ses biens la chose du mari.

C'est la loi sur la tutelle qui, pour exclure les femmes (excepté la mère et les ascendants) de la tutelle et des conseils de famille, n'hésite pas à les classer avec les repris de justice et les fous.

C'est la loi humiliante qui, pour attestation civile verbale ou écrite, assimile les femmes aux hommes imbéciles et aux hommes déchus de leurs droits. Les femmes ne sont reçues à témoigner ni dans un acte de naissance, ni dans un acte de mariage, ni dans un acte de vente. Que dis-je ? Une femme n'est même pas admise à certifier l'identité d'une autre femme pour la législation d'une signature.

Par affranchissement civil de la femme, en un mot, on entend l'abrogation de toutes les lois d'exception qui dégagent les hommes des responsabilités et chargent les femmes des plus lourds fardeaux.

Quels sont ceux qui peuvent abroger les lois iniques qui oppriment les femmes dans la vie civile ? Ce sont les électeurs et les législateurs, c'est-à-dire ceux-là seuls qui font ou qui commandent de faire les lois. Voilà un point bien établi.

Maintenant, qu'est-ce que l'affranchissement politique de la femme ? C'est l'avènement de la femme au droit qui confère le pouvoir de faire les lois : par soi-même, si l'on est élu député ; par délégation, si l'on est électeur.

Donc, il ressort de toute évidence que le droit politique est pour la femme la clef de voûte qui lui donnera tous les autres droits.

Quand les femmes pourront intervenir dans les affaires publiques, leur premier soin sera de réformer l'injuste législation : leur premier acte sera d'user du droit qui leur sera donné de changer leur sort.

Mais, pendant que la femme n'a pas le pouvoir d'infirmer les lois qui rendent la femme esclave, l'homme s'occupe d'en créer qui élargissent encore son horizon. Dans ce pays où l'on compte dix-sept millions de souverains – les hommes –, et dix-sept millions d'esclaves – les femmes –, les réformes que les hommes regardent comme essentielles sont des réformes qui leur octroient encore de nouveaux privilèges.

Ceci fait qu'il est hors de doute pour nous que pendant que la femme ne possédera pas cette arme – le vote –, elle subira le régime de droit masculin. Tous ses efforts seront vains pour acquérir ses libertés civiles et économiques.

Ce qu'il faut aux femmes pour s'affranchir de la tyrannie masculine – faite loi – c'est la possession de leur part de souveraineté ; c'est le titre de *citoyenne* française, c'est le bulletin de vote.

La femme citoyenne : c'est-à-dire la femme investie des plus hauts droits sociaux, aura par la liberté sa dignité rehaussée ; par le sentiment de la responsabilité, son caractère augmenté.

La femme citoyenne se relèvera promptement de sa fâcheuse situation économique, l'État et la législation ne l'infériorisant plus, l'instruction de la femme étant comme celle de l'homme, essentiellement utile, toutes les carrières, toutes les professions lui seront accessibles, et, quel que soit son travail, la femme ne le verra plus déprécié sous ce prétexte ridicule qu'il émane d'une femme.

La femme citoyenne quintuplera l'efficacité de son influence maternelle ; elle élèvera l'enfant non pour elle, non pour lui ; pour la société ; elle lui inculquera ces vertus privées et publiques qui feront son bonheur et celui de ses semblables.

La femme investie des plus hauts droits sociaux, la femme citoyenne, aura le pouvoir de doter les générations d'une si grande hauteur de vue morale, que dans les rapports humains la fraternité se substituera à l'égoïsme, et dans la société – l'harmonie – ce but des aspirations de tous – aux tiraillements actuels.

Puisque, de l'affranchissement de la femme, doit découler, selon nous, une source de biens pour toute l'humanité, nous ne saurions mieux faire que d'y consacrer nos efforts.

À ceux qui nous accuseront d'être exclusifs, de faire de la question des femmes une question particulière, nous répondrons que nous serons obligés de faire une question des femmes aussi longtemps qu'il y aura une situation particulière faite aux femmes, et qu'avant que cette situation ait cessé d'exister, avant que la femme ait le pouvoir d'intervenir partout où ses intérêts sont en jeu pour les défendre, un changement dans la condition économique ou politique de la société ne remédierait pas au sort de la femme.

Nous pouvons appuyer cette allégation sur des faits. Depuis moins d'un siècle, plusieurs révolutions politiques ont eu lieu ; les femmes s'y sont plus ou moins mêlées, elles ont partagé le danger de la bataille, mais elles n'ont eu de la victoire ou de la défaite des opinions qui divisent les hommes aucun avantage.

Un changement de l'ordre socio-économique n'affranchirait pas la femme, car bien que tous les jours la question économique soit résolue pour un petit nombre de personnes, la condition de la femme est, chez les favorisés de la fortune, le lendemain la même que la veille. En France, il y a des femmes pauvres et des femmes millionnaires. Eh bien ! les femmes millionnaires sont soumises aux mêmes lois tyranniques que les femmes pauvres.

Si rationnelle, si juste qu'elle soit, avant d'avoir sa solution, la question des femmes exige une rigoureuse campagne. Nous engageons tous les partisans de l'égalité humaine à se liguer avec nous, pour amener cette puissante souveraine, l'opinion, à vouloir l'émancipation de la femme.

Toutes les femmes soucieuses de leurs intérêts et de leur dignité – qu'elles soient pauvres, qu'elles soient riches – toutes les femmes apporteront leur concours à ce journal qui revendique, avec leurs droits de personne humaine, leurs droits de citoyenne, car toutes les femmes, – de quelque opinion et de quelque condition qu'elles soient – toutes les femmes souffrent ou peuvent souffrir de la législation actuelle. Toutes les femmes sont intéressées à posséder le pouvoir d'abroger les lois qui les infériorisent et les asservissent.

La Citoyenne, 13 février 1887.

La féminisation de la langue*

[…] Plutôt que d'user de représailles envers les hommes, les femmes doivent obliger leur mauvais vouloir à capituler […] l'Académie n'offre pas ses fauteuils, on les lui demande, et ce n'est qu'en se soumettant à des simagrées qu'on les obtient.

Mieux vaut pour les femmes forcer les portes de l'Académie masculine que de créer une Académie rivale.

Mais, est-ce que sans palmes, sans broderies, en dehors de tout pédantisme, de la préciosité et de la coquetterie, une élite féminine ne pourrait pas, en s'adjoignant des hommes érudits, tels que M. Flash, professeur au Collège de France, constituer une Assemblée pour féminiser les mots de notre langue, rectifier et compléter le dictionnaire, faire enfin que le genre masculin ne soit plus regardé, dans la grammaire, comme le genre le plus noble.

Rien n'empêcherait cette Assemblée de se nommer « Académie féministe ». Étant mixte elle n'aurait pas à redouter l'hostilité des hommes, ni celles des femmes qui feignent de ne pouvoir marcher, que tenues en lisière par les hommes qu'elles font tourner, virer comme des toupies. Oh ! Ces jolies femmes soumises, quels effrayants petits despotes ! La liberté des maris n'est réellement respectée que par les épouses qui aspirent à être libres.

L'omission du féminin dans le dictionnaire contribue, plus qu'on ne croit, à l'omission du féminin dans le code (côté des droits).

L'émancipation par le langage ne doit pas être dédaignée. N'est-ce pas à force de prononcer certains mots, qu'on finit par en accepter le sens qui tout d'abord heurtait ?

La féminisation de la langue est urgente, puisque pour exprimer la qualité que quelques droits conquis donnent à la femme, il n'y a pas de mots.

Ainsi, dans cette dernière législature, la femme a été admise à être témoin au civil, électeur, pour la nomination des tribunaux de commerce ; elle va pouvoir être avocat.

Eh bien, on ne sait pas si l'on doit dire : « Une témoin ? Un électeur ou une électrice ? Un avocat ou une avocate ? »

L'Académie féministe trancherait ces difficultés. Dans ses séances très suivies et où l'on ne s'ennuierait pas, des normaliens, comme M. Francisque Sarcey, pourraient, en féminisant des mots, devenir féministes.

En mettant au point la langue, on rectifierait les usages, dans le sens de l'égalité des deux sexes.

La féminisation initiale est celle de la langue, car le féminin non distinctement établi sera toujours absorbé par le masculin.

Quand on aura révisé le dictionnaire et féminisé la langue, chacun de ses mots sera, pour l'égoïsme mâle, un expressif rappel à l'ordre.

Une association d'individus qui féminiserait le langage et substituerait à l'artifice, à la duplicité, au mensonge, la vérité dans les mots, base de la vérité dans les conditions humaines, contribuerait à faire ouvrir aux grandes femmes de France les portes de l'Académie.

Le Radical, 18 avril 1898.

12.

Madeleine Pelletier
(1874-1939)

« Il faut être des hommes socialement. »

« Féministe intégrale » dans tous les aspects de sa vie et de ses œuvres, Madeleine Pelletier est une personnalité fascinante. C'est aussi, comme Olympe de Gouges, une icône élevée au statut de martyre de la cause des femmes du fait de sa fin tragique dans un asile d'aliénées, lieu où l'avait menée un procès pour assistance à l'avortement. Elle est singulière par sa radicalité plus que par ses objectifs – qu'elle partage avec d'autres (sauf sur la question de la prostitution, pour elle un mal nécessaire) – et sa force vient sans doute du fait qu'à aucun moment elle n'écrit des plaidoyers, comme la plupart de ses compagnes. Ses écrits, comme ses choix vestimentaires personnels (le trois-pièces et le melon masculins qui vêtent son corps replet) transcendent toutes les conventions et continuent à avoir un impact puissant car ils semblent annoncer les actuelles recherches et pratiques transgenre et queer*.*

Mal aimée et de milieu très modeste, Pelletier quitte l'école à douze ans mais réussit à mener des études de médecine, fait alors rare, et à devenir la première interne française en psychiatrie. Elle est par ailleurs romancière (le roman partiellement autobiographique La Femme vierge *paraît en 1933) et écrit de nombreux essais et articles de journaux, des contributions scientifiques, un récit de voyage (en Russie où elle se rend seule en 1921), une utopie,* La Vie nouvelle *(1933), etc. Franc-maçonne, elle milite dans les cercles socialistes et néo-malthusiens et défend, au prix de sa liberté, le droit à l'avortement. Il n'est pas, pour elle, de « petit sujet » et les remarques contenues dans la brochure* L'Éducation féministe *de 1914 (dont on donne ici un extrait du chapitre II) montrent la profondeur de ses réflexions en matière éducative. Soixante ans avant le toujours d'actualité* Du côté des petites filles *de Bellotti (1975), Pelletier montre comment on* devient *femme, mais contrairement à la plupart des féministes, elle refuse ce devenir et considère la « virilisation » comme nécessaire dans tout projet égalitaire. La citoyenneté au masculin n'est-elle pas liée jusqu'ici à l'exercice de la violence armée ? Elle préconise donc aux femmes l'apprentissage de l'autodéfense, le service militaire volontaire, le travestissement. Ce faisant, elle indigne socialistes et féministes, femmes comme hommes, qui la soupçonnent – à tort – d'homosexualité. Pour elle, « les femmes, c'est les autres » et, comme le fait remarquer Christine Bard, elle est sans doute une de ces féministes qui n'aiment pas les femmes.*

Son projet éducatif, sous forme de conseils aux mères féministes, n'en reste pas moins parfaitement cohérent et s'étend à des domaines jusqu'à elle jamais pris en considération : le prénom, les jeux, les vêtements, les lectures, la gymnastique, les héro(ïne)s historiques, etc. En pointant le rôle crucial de ces agents de la production du féminin (ce qu'elle appelle dès 1905 « les facteurs sociologiques de la psychologie »), elle fait preuve de qualités – cliniques – d'observation qui sont hors pair. Elle rejoint ainsi les analystes contemporaines des rapports de genre, rapports sociaux qui, en constante interaction avec classe et race, construisent *le masculin et le féminin et leurs échanges.*

ÉDUCATION FÉMINISTE DES FILLES*

D'abord, comment habiller la petite fille ? La question peut, à première vue, sembler de minime importance ; elle en a au contraire beaucoup. Le costume est avec la physionomie tout ce qui apparaît de nous ; c'est sur lui que nous jugent les inconnus et l'impression qu'il fait sur les autres, il la fait aussi sur nous-même. Ce n'est pas sans raison que l'on fait porter un uniforme aux soldats, un habit aux religieux : une armée sans uniforme vaudrait infiniment moins ; et les religieux sans habit différeraient très peu des laïcs. Un riche costume porte à l'orgueil, à la hardiesse ; il stimule l'énergie ; les haillons portent à l'humilité, à la nonchalance, à la crainte.

Si, dès les premiers ans, vous mettez à votre petite fille des robes chargées de rubans et de garnitures, si vous la couvrez de bijoux, vous en ferez une coquette qui ne pensera qu'à s'attifer. Tous les efforts que vous pourrez faire ensuite pour former une personne sérieuse et digne seront vains. Elle pourra vous écouter avec une déférence apparente, mais ses véritables éducatrices seront les petites camarades aux falbalas desquelles elle comparera les siens. L'enfance achevée, vous n'aurez, si vous êtes riche, qu'une poupée mondaine. Si vous êtes pauvre, vous aurez bien pis encore, car votre enfant sera décidée à tout pour se procurer les colifichets objets de son désir.

La mère féministe devra donc tâcher d'habiller sa petite fille en garçon. Les habits masculins auront la plus heureuse influence sur le caractère de l'enfant. D'abord, leur forme permet d'exécuter sans indécence tous les mouvements. La mère n'aura pas besoin d'ordonner à chaque instant : « Baisse ta robe. » – « Ne lève donc pas ainsi les jambes ; c'est inconvenant. » L'enfant a un besoin incessant de mouvement et ces prohibitions constantes ont pour résultat de faire dès l'âge le plus tendre une entravée de la petite fille. Il va de soi qu'il ne faudra pas, comme le font toutes les mères, même les mères féministes, dire à l'enfant : « Les petites filles ne font pas ainsi la culbute », ou bien : « Tiens-toi tranquille, garçon manqué. »

Une mère qui se conduit ainsi ne doit pas s'étonner, ensuite, si sa fille devient une femme comme les autres, en dépit du lycée et même du baccalauréat.

L'observation des petits enfants dans leurs jeux montre que, au début de la vie, la mentalité est la même dans l'un et l'autre sexe ; c'est la mère qui commence à créer le sexe psychologique et le sexe psychologique féminin est inférieur.

Je ne me dissimule pas que seules les femmes de la bourgeoisie riche pourront habiller leur fille en garçon. L'argent permet une grande indépendance : dans un hôtel, dans un grand appartement on fait à peu près ce que l'on veut. Le pauvre dépend de son concierge, de ses voisins, et s'il est par trop différent des autres, on lui fait par mille petites misères la vie impossible. Néanmoins, avec de la ténacité, si on est à peu près à son aise, on pourra tenter la chose ; au besoin, on imaginerait une ordonnance médicale. À la longue, les gens habitués à voir l'enfant revêtue d'habits masculins n'y feront plus attention.

À défaut de pouvoir habiller la petite fille en garçon, on se rapprochera le plus possible de la simplicité masculine ; les robes seront unies, de coupe correcte et sans garnitures.

On devra veiller à ce que l'enfant ne souffre pas trop de la façon dont on l'habillera ; car si elle souffrait, tous les bons effets de la masculinisation du vêtement se trouveraient annihilés. La petite fille n'aspirerait qu'à s'affranchir de l'autorité maternelle pour s'habiller *comme les autres*. On tâchera de donner des compensations ; on aura par exemple une étoffe plus belle, une meilleure coupe ; tout en étant vêtue simplement, la petite fille sera mieux habillée que les autres enfants de milieu social égal. La mère ne manquera pas d'éduquer l'œil de sa fille pour lui faire voir la supériorité de ses vêtements.

On s'attachera à corriger les imperfections du costume féminin. Sous sa robe, l'enfant aura un pantalon fermé d'étoffe foncée. De cette façon elle pourra en toute sécurité prendre ses ébats.

Le mieux sera de couper les cheveux. Les cheveux longs et frisés siéent aux visages d'enfants, sur lesquels, la vie n'ayant pas encore mis un cachet personnel, on ne recherche d'autre beauté que la joliesse.

Mais le souci d'éviter la coquetterie féminine doit primer toute autre considération. La plupart des petites filles ont constamment l'esprit occupé de leur natte ; elles en comparent la longueur et la grosseur à celles de leurs camarades, défont et refont du matin au soir le nœud de ruban qui la retient. Si, outre la petite fille on a aussi un petit garçon, on pourra leur laisser pousser à tous les deux les cheveux jusqu'aux épaules, sur lesquelles on les fera boucler. Ce n'est pas, en effet, la coquetterie en elle-même qui est dangereuse ; c'est le sentiment que la petite fille y acquiert de sa féminité. Ce danger est écarté en partie lorsque le frère est coiffé comme sa sœur.

Les jouets seront l'objet de toute la sollicitude de l'éducatrice féministe, car ils contribuent dans une grande mesure à la formation de l'esprit et du caractère. On proscrira les poupées, les petits mobiliers, les fourneaux de cuisine qui enseignent dès le berceau à la petite fille qu'elle sera une ménagère. On aura des jeux de patience, des constructions qui habituent les enfants aux efforts d'attention ; on donnera même des jouets militaires.

Le nom de la petite fille sera choisi parmi ceux qui, communs aux deux sexes, ne diffèrent au masculin et au féminin que par l'orthographe : Andrée, Renée, Paule sont préférés à Marie, Louise ou Georgette. Lorsque l'égalité des sexes sera devenue un fait accompli dans les lois et dans les mœurs, plus ne sera besoin de masculiniser ainsi les noms des petites filles ; mais dans l'état présent des choses on ne saurait trop accentuer la virilisation ; le milieu se chargera bien et beaucoup plus qu'il ne sera nécessaire de défaire ce qu'on aura fait dans ce sens.

Pour obtenir le maximum d'effet, force sera à l'éducatrice féministe d'isoler sa fille des autres enfants du même sexe ; car autrement, tout ce qu'elle ferait serait défait. Si grande que puisse être l'influence de la mère, celle des camarades est bien plus grande encore, surtout lorsque la mère, ce qui est ici le cas, a des vues qui sont en opposition avec le milieu social tout entier. Si la mère est instruite, elle servira de professeur à sa fille ; si elle est riche, elle fera venir un professeur chez elle, et ce sera un homme, pas une femme. Le professeur laisse toujours passer un peu de lui-même dans son enseignement ; l'homme, il est vrai, méprisera cette petite élève qui ne devra être qu'une femme, c'est-à-dire, à ses yeux, un être inférieur ; mais le mépris, pas plus que l'admiration, n'est une attitude stable ; la plupart du temps, le professeur oubliera le sexe de l'enfant assise devant lui ; il ne verra qu'une élève ; et, qu'il le veuille ou non, son enseignement revêtira un caractère viril[1]. Une institutrice ferait de la petite fille l'esclave qu'elle est elle-même ; à

1. Les hommes qui sont féministes le sont beaucoup plus que les femmes. Élevés dans la liberté, ils voient de suite toutes les entraves dont les lois et les mœurs chargent les femmes et ils s'élèvent contre. Les femmes, au contraire, élevées dans ces entraves ne les aperçoivent pas ; aussi, le plus souvent, loin de vouloir les briser, elles s'élèvent contre les rares consœurs qui plus clairvoyantes veulent le faire. Telles des oiseaux nés en cage, la liberté leur fait peur.

tout instant, sans même en avoir conscience, elle tiendrait à son élève des propos de servitude.

De plus, informée des idées de la mère, elle ne manquerait pas, consciemment cette fois, de les contrecarrer, dans une horreur de la singularité qui serait certainement plus forte que son intérêt matériel de conserver sa place. [...]

Notre petite fille devra recevoir une éducation physique. Si on en a les moyens, on lui fera apprendre tous les exercices du corps : gymnastique, escrime, cheval, bicyclette, natation, etc. Si on est pauvre force sera, évidemment, de borner son ambition à cet égard ; on se procurera des haltères et on fera exécuter à l'enfant quelques mouvements, tous les jours ; on profitera des cours publics d'escrime, des piscines gratuites pour la natation. C'est une erreur de croire, avec certaines féministes que, par la gymnastique, les femmes peuvent égaler les hommes en force musculaire. Si cette égalité pouvait être obtenue, ce ne saurait être qu'après une longue suite de générations.

Mais il est certain que, dans une mesure sensible, la grande infériorité des femmes à cet égard tient à leur genre de vie. L'homme, alors même qu'il ne fait pas d'exercices du corps, exerce ses muscles beaucoup plus que la femme. En modifiant son genre de vie, la femme deviendra certainement, non pas aussi vigoureuse que l'homme, mais beaucoup plus vigoureuse qu'elle ne l'est.

Le sport est très en honneur dans l'éducation des garçons ; il l'est même beaucoup trop, car il tend à faire prendre à la force musculaire le pas sur l'intelligence, ce qui est un très grand mal. Nombre de jeunes gens ne rêvent aujourd'hui que match et championnat ; ils se passionnent pour des combats de boxe et certainement la gloire d'un grand boxeur troublerait plutôt leur sommeil que celle d'un grand savant. Mais la mère féministe ne saurait craindre pour sa fille ces mauvais effets de la culture physique, car elle ne trouvera guère l'emploi des connaissances qu'elle aura acquises en cette matière. Ici, comme pour le caractère, il ne faut pas craindre de trop viriliser ; le milieu devant se charger de féminiser et beaucoup plus qu'il ne faudrait.

Les livres seront choisis avec soin. Je ne parle pas ici des livres d'enseignement proprement dit, qui trouveront leur place dans notre chapitre sur l'éducation intellectuelle. Durant les premières années force sera de donner de petits contes ; on prendra ceux qui sont tirés des chefs-d'œuvre de la littérature française et étrangère. *Don Quichotte, Guillaume Tell* ; on proscrira les histoires attendrissantes de petites filles dévouées à leur mère malade ; on évitera *Cendrillon* qui exalte la coquetterie et enseigne qu'il n'y a pas au monde, pour une jeune fille, de plaisir supérieur à celui d'aller au bal magnifiquement parée.

On ne fera pas lire *Barbe-Bleue*, où l'homme est un maître terrible de la femme. Évidemment *Barbe-Bleue* n'est pas le personnage sympathique du conte ; la sympathie va à sa malheureuse épouse ; mais quand même il n'est pas bon de faire lire à la petite fille, dont on veut faire une féministe, des contes où la femme tremble devant son mari. On aurait tort, en outre, de s'imaginer que ces contes n'ont aucune importance éducative et ne servent qu'à amuser les petits enfants. Tout ce qui pénètre, par nos sens, en notre esprit contribue à notre éducation, les ouvrages d'amusement y contribuent autant que les œuvres didactiques ou les leçons. En lisant *Barbe-Bleue*, la petite fille se représente l'homme comme un être méchant, mais infiniment fort, à qui la femme doit obéir à moins de perdre sa vie. Je sais bien qu'on ne manquera pas d'expliquer qu'il s'agit d'un conte sans aucune espèce de réalité, mais l'impression n'en aura pas moins été produite ; et mieux vaut ne pas produire une mauvaise impression que d'avoir à la corriger par la suite.

On comprend que je ne saurais passer en revue tous les livres d'enfants ; ce sera à la mère d'en faire une sélection. La sélection sera difficile, car les gens qui écrivent ces livres sont imprégnés de la pensée courante, laquelle postule l'infériorité de la femme, la limitation de son activité à la famille et sa subordination au mari. On peut dire même qu'on ne trouvera pas ou presque pas de livres d'enfants où la femme agit en égale de l'homme. On devra donc bannir tous les livres où le personnage principal est une femme ou une petite fille. Dans l'histoire de *Guillaume Tell*, il y a bien des personnages féminins, mais ils sont de second plan, l'attention de la petite fille sera moins attirée par eux ; parce qu'elle ira au personnage principal qui est un modèle d'énergie.

Plus tard, on fera lire Jules Verne qui sera excellent pour viriliser le caractère des petites filles, on donnera aussi Plutarque.

Avec raison l'Église catholique a institué ses saints : morts dont la vie exemplaire est proposée à l'admiration et à l'imitation des fidèles.

L'athée doit avoir aussi ses saints, mais bien entendu ils ne seront pas ceux de l'Église. C'est surtout dans l'enfance que la biographie des grands morts est utile à lire et à méditer. La maturité de la vie venue, nos illusions s'en vont une à une et après les vivants, les morts aussi nous désenchantent. Capables alors de les connaître dans toute leur humanité, nous ne les admirons plus autant et quant à imiter ce qu'ils ont eu de grand et de beau, la conviction que nous avons acquise de la vanité de tout perfectionnement moral ne nous y porte guère.

Mais, dans l'enfance heureusement, le manque d'expérience fait que nous sommes susceptibles d'admirer et d'imiter ; il faut donc que l'éducateur propose des modèles à ses élèves.

Qui choisir parmi les morts illustres, ce sera à l'éducatrice de le décider, car son choix dépendra naturellement de ses opinions et de ses croyances. Comme indication générale, je dirai seulement que l'on doit choisir les grands idéalistes et les grands énergiques.

Jeanne d'Arc, tout d'abord, est indiquée, il s'agit de l'éducation des filles et par l'identité du sexe le modèle sera moins éloigné de l'enfant. En outre le personnage de Jeanne d'Arc a la simplicité qui convient. Une jeune bergère réfléchit sur les malheurs de son pays ; elle décide de le sauver et y parvient, malgré l'immensité des obstacles. Tout est donc possible, il suffit de savoir vouloir ; avec de la volonté, une pauvre bergère devient générale en chef et elle repousse l'ennemi. Il faut donner à notre petite fille des croyances pareilles ; la vie les défera certes ; mais durant les années où l'enfant les aura, son courage y gagnera d'autant. Comme modèle intellectuel, on proposera Stuart Mill qui fut un enfant prodigieux. La vie de la mathématicienne Sophie Germain donnera des leçons de travail et de persévérance.

Je n'hésiterai pas non plus à proposer Garibaldi comme modèle ; il fut un grand homme d'action et en même temps un homme idéal. Son âme a la netteté et la simplicité qui convient aux âmes jeunes. Il y a aussi parmi les héros de la première Révolution bien des professeurs d'énergie qui valent Garibaldi ; mais ce sont des êtres trop complexes ; ils ne seraient pas compris, ce sont les maîtres de l'âge mûr, non de l'enfance. […]

L'Éducation féministes des filles, chapitre II, 1914.

13.

Nelly Roussel
(1878-1922)

> « Et c'est pourquoi le Féminisme, comme tous les mouvements d'émancipation, a besoin, d'abord, de la Libre-Pensée. »

Née dans un milieu bourgeois et catholique, mariée en 1898 à un sculpteur libre-penseur qui soutient sa cause (Henri Godet) et mère de trois enfants dont deux survivront, Nelly Roussel se lance, à l'âge de vingt-trois ans, dans une carrière de conférencière (deux cent trente-six interventions publiques dans toute l'Europe) et d'écrivaine (près de deux cents articles et une dizaine de livres) en faveur du féminisme, de l'athéisme, du pacifisme et du néo-malthusianisme, carrière qu'interrompt précocement la tuberculose.

Elle est la plus active, la plus visible en tout cas, des propagandistes de « la maternité consciente » et cela dès L'Éternelle sacrifiée, *un titre révélateur, paru en 1906. Oratrice talentueuse qui sait « conquérir » de vastes auditoires par le charme de sa voix et la fragilité apparente de sa silhouette toute vêtue de noir, Roussel contredit nombre d'idées reçues : en se « produisant » au travers d'un sujet considéré comme tabou, la sexualité, et en le faisant par le biais d'une présentation de soi particulièrement séduisante. Au sein d'une société française pratiquant de plus en plus la restriction des naissances mais hantée par la crainte de son déclin démographique, la revendication, par les femmes, de la maîtrise de leurs facultés reproductives est une initiative hardie. Potentiellement obscène pour beaucoup (ne serait-ce pas une incitation à la débauche ?), la lutte contre les « repopulateurs » est, selon les termes de Nelly Roussel, une « mission » apostolique et une « bataille à gagner ». C'est en effet un « combat », alors que la néo-malthusienne fait preuve, tout au long de sa vie, d'un pacifisme résolu et déclare « haïr la haine » ! Même si son langage éthéré n'a rien de sexuel (il est interdit de parler des techniques contraceptives), elle saura affirmer : « La maternité est le champ de bataille de la femme ; elle ne doit pas le déserter. » Une phrase qui n'a rien d'anodin, vu la prégnance des discours différentialistes, masculinistes ou féministes, qui soutiennent que la Femme est Mère avant tout et qu'elle paie son impôt du sang en donnant naissance. Cessant de revendiquer la grandeur des douleurs de l'accouchement comme preuve de résistance physique ou comme affirmation de la participation des filles d'Ève à la Rédemption, Roussel fait état d'un nouveau genre de lutte féministe, celui de la liberté reproductive.*

Le vocabulaire prophétique et martial des deux discours choisis pour évoquer la force persuasive et l'originalité politique de Roussel est intéressant à analyser car ces textes s'inscrivent dans deux moments bien différents de son parcours : d'une part, l'avant-guerre où explose un féminisme pacifiste, renié sauf exceptions pendant l'Union sacrée ; d'autre part un après-guerre où l'hécatombe des combattants et le retour à la paix renvoient les femmes à leurs fourneaux et à leurs berceaux. Attentive aux règles grammaticales et à la précision des mots, Roussel sait inventer dans les deux cas des formules frappantes, un talent que révèlent les titres de ses publications : Par la Révolte, *une pièce de théâtre de 1903 ;* L'Éternelle sacrifiée, *1906 ;* Quelques lances rompues pour nos libertés, *1910 ;* Paroles de combat et d'espoir,

1919 ; etc. C'est dans ce dernier recueil que l'on trouve « Haïr », article rédigé en janvier 1916 et paru dans La Libre pensée internationale *trois ans après. On y trouve aussi un discours prononcé bien plus tôt, le 31 mai 1905, dans un « meeting de protestation contre les procès intentés aux néo-malthusiens par la Ligue contre la licence des rues ».*

Tout en faisant honte aux « moralistes tartuffes » et à leurs compagnes les plus passives (dont les féministes réformistes pro-natalistes qu'elle ne peut apostropher directement ici), Nelly Roussel rappelle les attaques physiques et les actions en justice subies par les animateurs néo-malthusiens de la Ligue pour la Régénération humaine, et notamment par le pédagogue internationaliste, Paul Robin son fondateur (1896). Mais elle ne peut prévoir la victoire légale des natalistes qui, par les lois du 23 juillet 1920 et du 12 janvier 1923, obtiennent que l'avortement devienne un délit relevant du tribunal correctionnel et que soit interdite toute forme de propagande contraceptive. Bel exemple de recul de l'histoire ! Seul le préservatif masculin peut être vendu, pour lutter contre les maladies vénériennes. Les femmes hétérosexuelles, sauf à devenir continentes, continuent, pour longtemps, à ne pas pouvoir contrôler leur propre corps et doivent recourir, en cas de naissance non voulue, aux « faiseuses d'anges ».

HAÏR

Je ne suis pas de celles qui disent : *« La haine est, en elle-même, chose impie et mauvaise ; il faut l'extirper des cœurs ; c'est là notre devoir de femmes. »*

Je ne suis pas de celles qui prêchent l'amour pour tous les humains, le pardon pour tous les coupables.

Si l'amour est une force, la haine en est une autre ; l'une et l'autre créent, vivifient, régénèrent. Seulement, il faut *savoir* haïr, comme il faut savoir aimer. Éclairer l'amour et la haine, y faire entrer de la conscience, est une besogne de salut public.

Pour ma part, je hais, implacablement. Je ne hais point ceux qu'on m'ordonne de haïr ; je ne hais point en aveugle, confondant les innocents et les criminels, toute une nation qui fut odieusement trompée.

Je hais ceux qui, des deux côtés de la frontière, sont, à un degré quelconque, responsable de la grande tuerie : pangermanistes de là-bas et *« revanchards »* de chez nous ; gallophobes et germanophobes, excitateurs des deux peuples pacifiques que leur instinct, comme leur intérêt, poussait à se rapprocher, à s'entendre, à travailler côte à côte au grand œuvre éternel de civilisation.

Je hais ceux qui, partout, dans notre Europe sanglante et déchirée, ont, par leurs déclamations ou leurs intrigues, jeté les uns contre les autres des millions de pauvres gens trop crédules et trop dociles.

– Oh ! oui, je les hais, ceux-là ! et contre eux je crie vengeance…

Ils ne sont pas, ils ne furent jamais qu'une poignée, ces misérables ! – levain qui fait fermenter toute la pâte, germe d'infection auquel jamais ne s'opposèrent de suffisantes mesures prophylactiques.

Pour quelques-uns qui eurent l'horrible chance de ne point mourir avant l'éclosion du monstre qu'ils couvaient, j'imagine, je veux croire, que la vue de celui-ci est déjà un châtiment. Ils en subiront un autre – un autre viendra de leurs victimes mêmes, lorsque, les yeux dessillés, et comprenant enfin l'absurdité abominable des luttes fratricides, elles trouveront dans la haine commune des « mauvais bergers », de ces guides félons qui les conduisent à l'abîme, le premier terrain d'entente et de réconciliation.

De cette haine-là, haine justicière et généreuse, source d'amour et de bonheur, sauvegarde la Paix, il nous appartiendra, à nous femmes, d'entretenir jalousement la flamme sacrée.

Article rédigé en 1916,
paru dans *La Libre pensée internationale* en 1919.

DISCOURS DE PROTESTATION CONTRE LES PROCÈS INTENTÉS AUX NÉO-MALTHUSIENS*

Citoyens, Citoyennes, Chers camarades,

À l'heure où quelques-uns de nos concitoyens semblent oublier que nous sommes en République, que nous avons fait une révolution pour établir les *« Droits de l'homme »* et que le mot *« Liberté »* s'étale sur tous nos murs, nous sommes quelques-uns qui avons jugé nécessaire – et c'est là surtout et avant tout le but de cette réunion – de protester au nom de l'Art, de la Science et de la Pensée, au nom des plus nobles attributs de la créature humaine, contre la chaîne et le carcan dont les menacent, une fois encore, comme aux plus noires époques de barbarie et d'ignorance, la Préjugé stupide et le Dogme féroce.

Et nous croyons impossible, que, en dehors et au-dessus des partis et des doctrines, tout ce qui, dans le monde, possède un cerveau et une conscience, ne soit pas avec nous contre les barbares, contre les jésuites, contre les tyrans.

Car on ne saurait trop le répéter, ce n'est point seulement *une* idée, *notre* idée, que nous défendons aujourd'hui, c'est l'*Idée* même, l'*Idée* dans le sens le plus large, le plus élevé du mot, l'Idée, mère du Progrès et Mère de la Beauté, dont nous ne voulons pas qu'on brise le front divin.

Les époques de barbarie auxquelles je viens de faire allusion et dont nous avons coutume de parler avec tant de mépris avaient cependant sur la nôtre un incontestable avantage, elles avaient un mérite que nous en saurions méconnaître : le mérite de la franchise. Il n'était pas besoin alors de ruse, ni de fourberie pour atteindre les théories considérées comme subversives, c'est-à-dire gênantes pour les puissants du jour et comme favorables aux faibles, aux malheureux, aux opprimés. On interdisait sans détour d'aborder tel ou tel sujet, et l'on punissait sans feinte ceux qui enfreignaient la consigne, pour le délit très net qu'ils avaient commis.

Mais aujourd'hui, on nous affirme qu'il n'y a plus de *« délit d'opinion »*. La pensée, la parole, la plume sont libres. Chacun de nous a le droit de tout dire. Pourtant – ô subtile, jésuitique, et précieuse restriction – un délit a été prévu : le délit d'*« outrage aux bonnes mœurs »*, et *« d'atteinte à la morale »*. Et, comme il n'y a rien au monde de plus vague et de plus variable que *« les bonnes mœurs »* et *« la morale »*, une porte reste entr'ouverte à des abus d'autant plus révoltants qu'ils s'abritent derrière un mensonge et se réclament de la vertu.

Le délit d'immoralité est une arme de combat traîtreusement laissée entre les mains des éternels adversaires du Progrès et de la Beauté.

Et, la fonction créant l'organe, nous avons vu éclore une race nouvelle, qui bientôt, si nous la laissons pulluler, deviendra une plaie sociale, la race des *« moralistes »*.

Éplucher, avec une patience et une minutie de singe tous les écrits qui contiennent autre chose que des lieux communs ; examiner à la loupe toutes les œuvres d'art insuffisamment solennelles dans le but secret et inavoué d'y découvrir une parole ou un détail pouvant être, à la rigueur, considéré comme *« immoral »* et susceptible d'attirer sur la tête de son auteur toutes les foudres de la loi, telle est la besogne familière et assez peu séduisante de ces étranges spécialistes.

Vous voudrez bien, je l'espère, me faire l'honneur de me compter parmi ceux que révolte et dégoûte profondément ce qu'on appelle la *« pornographie »*, – c'est-à-dire la sottise unie à la grossièreté. Nul, pas même M. Béranger en personne, ne peut se vanter d'être plus que moi blessé au plus délicat de sa dignité humaine par l'aberration du jugement et de la dépravation du goût dont font preuve, dans le choix de leurs lectures et de leurs plaisirs, une grande partie de nos contemporains.

Et, s'il s'agissait réellement de réagir contre de telles tendances, de préserver des contagions mauvaises les jeunes esprits et les esprits faibles, d'élever, par l'affinement du goût et l'épuration des mœurs, le niveau intellectuel de l'humanité, s'il s'agissait de cela, est-il nécessaire de vous dire que je serais de tout cœur avec les moralistes, sinon quant à la tactique, du moins quant au principe.

Mais lorsque je sais, comme nous le savons tous, que s'endorment paisiblement, après avoir empoché leurs recettes, les éditeurs et les marchands des plus ignobles publications illustrées, les organisateurs des plus répugnants spectacles, de tout ce qui souille et profane l'amour en le caricaturant, les directeurs aussi de ces grands quotidiens dont la dernière page étale cyniquement tant de suggestives annonces et d'équivoques réclames, pendant que vont s'asseoir au banc des accusés des propagandistes, des artistes, des savants, coupables d'avoir peut-être un peu trop crûment exposé leur idéal, mais que nul ne peut soupçonner d'intention sale ou malsaine ; … je me dis que nos prétendus moralistes pourraient bien n'être que des farceurs, à moins qu'ils ne soient que des tartuffes ; et que nous devons les combattre comme des êtres malfaisants, hurlant aux chausses de tout ce qui est neuf, de tout ce qui est clair, de tout ce qui est libre !

Bien entendu, les néo-malthusiens, apportant au monde la doctrine la plus véritablement révolutionnaire, en même temps que la plus profondément humanitaire qui ait jamais été prêchée, une doctrine qui dit aux misérables, aux souffrants, aux affamés : *« Vous avez le droit de ne point augmenter votre misère, votre souffrance, votre faim et vous avez le devoir de ne point les faire partager à d'autres êtres issus de votre imprévoyance. Soyez moins nombreux, vous serez plus heureux, vous serez meilleurs aussi. N'abandonnez point au hasard le plus grave des actes humains ; ne prenez point à la légère la responsabilité terrible de créer !… »*, les néo-malthusiens, dis-je, devaient être les premiers désignés aux crocs perfides de ces chiens hargneux du pouvoir.

Et il n'a pas été bien difficile, dans l'œuvre d'hommes qui se sont adonnés à l'étude délicate et ardue des questions sexuelles, de trouver le prétexte haineusement cherché, pour intenter à quelques-uns d'entre eux, des poursuites de nature à leur porter un grave préjudice moral qui rejaillirait sur l'idée.

Et qu'on ne m'accuse pas, lorsque je dis *« prétexte »* d'injustice, de parti pris ou de fausse interprétation. Tant que les conseils d'ordre intime, les explications physiologiques, reprochés comme des crimes à ceux qui disent : *« Faites peu d'enfants »*, seront permis, au contraire, à ceux qui disent : *« Faites-en beaucoup »* ; tant que l'exposé des remèdes contre la stérilité ne semblera pas à nos *« moralistes »* aussi inconvenant que l'exposé des remèdes contre la fécondité trop grande ; tant que les repopulateurs et les néo-malthusiens ne seront pas placés, en leur qualité commune de spécialistes de questions sexuelles, exactement sur le même pied, nous aurons le droit d'appeler comédie – ou si vous préférez tactique – la pudeur indignée de ces messieurs, et nous permettrons de ne croire ni à l'existence de leur « *pudeur* », ni à la sincérité de leur indignation.

Ne soyons pas dupes de ces gens.

Les faits précis qui leur ont permis de mettre en branle tout l'appareil légal – faits que je ne veux, d'ailleurs, ni discuter, ni juger – ne leur ont jamais apparu autrement que comme des « *prétextes* », qu'ils ont été bien heureux de trouver pour atteindre, à travers des hommes, une idée qui leur déplaît.

Et tandis que nous élevons ici, en faveur de leurs victimes, nos protestations vengeresses, ma pensée, franchissant les monts et les vallées, évoque les rives d'un grand lac bleu, où, parmi la beauté des choses qui peut-être le console de la vilenie des hommes, un vieillard convalescent, posant dans ses mains affaiblies son front vénérable et lourd, songe à l'Avenir et au Passé. Elle évoque l'image de ce grand Paul Robin, que seul son état de santé tient momentanément éloigné de la bataille, de cet admirable savant doublé d'un admirable apôtre, dont les générations futures salueront le nom parmi les plus vénérés du siècle, mais qui, hélas, de son vivant, n'aura connu, comme couronnement à toute une existence de labeur acharné, de luttes incessantes, d'inépuisable générosité et d'extraordinaire désintéressement, qu'une comparution en police correctionnelle pour outrages aux bonnes mœurs et immoralité !

Ô, étrange ironie des mots ! Ô, singulier renversement des choses ! Que penseront les hommes vraiment humains des civilisations postérieures, des civilisations véritables, que penseront-ils d'une époque où tout est si véritablement à l'envers, que la moralité d'un individu se mesure à son inconscience, à sa sottise, à sa brutalité, à son ignorance des lois naturelles et sociales qui régissent l'humanité ?

Que penseront-ils d'une époque où, tandis que de tous côtés les nations craquent sous le poids de leurs populations incessamment accrues et incapables de contenir, de nourrir, ces foules toujours grossissantes, les jettent les unes contre les autres en de formidables tueries ; tandis que partout, le pain manque, et que la lutte pour la vie fait de l'homme une bête sauvage ; tandis que les bouges innombrables, les mansardes sombres et puantes, s'emplissent d'un grouillement d'enfants déguenillés qui grandissent en s'étiolant, en se corrompant aussi, parmi les cris et les larmes, les injures et les coups ; tandis que défilent les petits cercueils, remportant vers le néant ceux qui en sortent à peine et qui n'ont pas trouvé leur couvert mis au maigre banquet familial ; tandis que s'enfle, chaque jour, l'armée du vice et du crime ; que les dégénérés, mués en assassins, terrorisent les villes ; tandis que, partout, la douleur et la misère sont reines ; tandis que, inlassablement, massacres, épidémies, famines, viennent, par une inéluctable et lugubre nécessité, éclaircir les futaies de la forêt humaine et faucher le trop plein aveuglement créé ; … des hommes, parmi ceux qu'on écoute, qu'on vénère et qu'on décore, vont, criant à tous les échos : *« Nous ne sommes pas encore assez ! »* et où ceux qui, plus clairvoyants, apercevant le mal et cherchant à le vaincre, osent crier à leur tour : *« Nous sommes trop ! »*, comme des blasphémateurs, sont cloués au pilori !

Que penseront-ils, les hommes des temps futurs, les citoyens de la cité équitable et harmonieuse, que penseront-ils de ces fous criminels dont ils remueront les cendres ?

Et la femme, alors, la femme parachevée, créatrice de lumière, de tendresse et de beauté, la génération consciente, fière de sa mission sacrée, de son sacerdoce librement rempli dans la joie, la quiétude et l'universel respect, de quelle indignation et de quelle pitié ne frémira-t-elle point en retrouvant dans les livres jaunis, parmi la poussière du passé, la douloureuse histoire de ses aïeules, des mères tragiques d'aujourd'hui ! … l'histoire de celles qu'écrase le fardeau de l'enfantement sans relâche, sans consentement, et souvent sans amour, pauvres créatures passives qu'un soir de ribote, une brute féconde inconsciemment ; qui, jusqu'à la dernière minute, traînent leur ventre endolori et lourd dans les ateliers infernaux et qui, rentrant au logis, exténuées, doivent encore *« trimer »* pour toute la famille, servant l'homme, soignant les marmots ; l'histoire de celles qui subissent sur le grabat de leur taudis, sans air l'été, sans feu l'hiver, l'épreuve suppliciante, l'indicible torture, et qui, au bout de trois ou quatre jours, reprennent toutes meurtries et pantelantes, leurs besognes de bêtes de somme, attendant avec angoisse la prochaine grossesse, qui ne tardera pas ; l'histoire aussi de ces filles-mères, des mères réprouvées, des mères maudites, de ces victimes entre les victimes, victimes de la lâcheté de l'homme et de l'ignominie sociale, qui souffrent dans leur chair, leur cœur et leur esprit, tout ce que les lois, les mœurs, les institutions et les préjugés peuvent ajouter de raffinements de cruautés de la Nature ; de celles que le fruit de leur amour trompé a menées au vice ou au crime, au ruisseau ou à la prison ; l'histoire de toutes les mères, enfin, riches ou pauvres, *« honnêtes »* ou *« avilies »*, qui laissent leur beauté, leur santé, leur vie même, sur le champ de bataille de la maternité, de toutes les mères que leur travail sublime, qui les auraient faites reines chez les abeilles, a fait esclaves chez les humains !

Et peut-être, devant ces révélations atroces, devant ces tableaux de cauchemar, peut-être la femme des temps futurs se sentira-t-elle moins de compassion pour tant d'injustices que de mépris pour tant d'absurde et coupable résignation.

Car nous sommes coupables, nous, femmes, nous sommes coupables de perpétuer un mal que nous pourrions détruire. C'est de notre passivité, de notre inertie, de notre mollesse, de notre impuissance à vouloir et à imposer notre volonté, de notre lâche acceptation de la douleur et de l'esclavage que sont nés tous les esclavages et toutes les douleurs du monde.

Nous pourrions le sauver, le monde ! et nous ne le faisons pas ! Nous n'avons pas le courage de faire le geste de révolte qui libère et qui relève – et les quelques-unes qui l'osent sont vaincues, étant isolées. C'est la révolte collective et consciente qu'il faudrait, la révolte de tout ce qui frémit en nous de fierté féminine et de vraie maternité – car la maternité de hasard, la maternité animale, ce n'est pas la maternité.

Ce qu'il faudrait, c'est le refus tranquille et formel de fournir aux monstres sociaux, à la misère, à la maladie, à la guerre, au travail qu'on exploite, à la prostitution, leurs rations toujours insuffisantes, leurs proies toujours dévorées ; c'est l'inébranlable résolution de ne prêter nos flancs sacrés qu'à des maternités réfléchies et heureuses, à d'utiles et pures créations ; et c'est, Mesdames, à l'heure présente, dans les circonstances actuelles, la hardiesse d'opposer nos protestations véhémentes aux manœuvres perfides de ceux qui voudraient entraver l'effort des défenseurs de note cause.

Que ces moralistes tartuffes, ces champions d'une fausse pudeur et d'une hypocrite vertu, nous trouvent devant eux, debout et frémissantes, et leur criant : À bas, votre morale ! Nous n'en voulons plus, nous, les femmes, nous les mères, d'une morale basée sur nos souffrances et nos humiliations, d'une morale qui fait de nous des instruments passifs et veules, des machines dont un maître peut disposer à son gré ; d'une morale qui foule au pied notre dignité humaine, avec le bonheur de notre famille et l'avenir de notre race. À bas votre morale ! Nous en avons une autre, une morale plus noble et plus haute, qui n'est autre chose que la mise en pratique, que l'application à nos actes de tout ce que l'humanité a, peu à peu, au cours des siècles, dans sa lente évolution l'élevant au-dessus de la brute primitive, acquis de connaissance et de compréhension, de sentiment de la justice et de conscience de sa responsabilité.

C'est de cette morale-là que nous ferons surgir, nous les créatrices, un monde nouveau, un monde meilleur, un monde immense et splendide, d'intelligence, de force et de beauté !

Discours prononcé le 31 mai 1905.

14.

Hélène BRION
(1882-1962)

« Il faut *corser* vos revendications, de nos revendications à nous, femmes »

Institutrice, féministe et socialiste, Hélène Brion est une célèbre militante des premières décennies du XXe *siècle. Son généreux activisme au sein du syndicalisme (Fédération nationale des instituteurs et institutrices, Confédération générale des travailleurs) et dans les groupes suffragistes était soutenu par la qualité de sa plume, la flamme de sa parole et une « impatience » native à l'égard des timorées et des cyniques (H. Bouchardeau). Conférencière, publiciste et épistolière talentueuse (elle avait été formée – fait encore rare – dans une école primaire supérieure), elle est l'auteure de nombreuses brochures et articles de journaux, ainsi que d'une* Encyclopédie féministe, *riche de plusieurs milliers d'entrées et restée manuscrite. Ses positions pacifistes et internationalistes la mènent en 1917 devant un Conseil de guerre puis en prison pour « propagande défaitiste ». En choisissant d'être mère hors mariage (une liaison avec un révolutionnaire russe), en réclamant l'égalité des salaires (notamment dans l'enseignement et dans l'imprimerie), en se vêtant souvent en culottes bouffantes de cycliste (le* bloomer*) et en s'intéressant, vers la fin de sa vie, au spiritisme, elle sait braver jusqu'au bout la morale dominante et faire* *preuve d'une remarquable indépendance d'esprit face à l'hostilité goguenarde et cruelle des typographes, des militaires, voire de certaines de ses compagnes en militantisme, plus effacées, plus diplomates ou plus soucieuses de donner la priorité au « socialisme » sur le féminisme.*

Dans La Voie féministe *de 1916, ici reproduite* in extenso *et devenue un classique du féminisme, elle critique, chez ses camarades de lutte masculins, leur incapacité à inclure la lutte des femmes dans leurs programmes. Ce faisant elle lance un appel en faveur d'une transformation complète des rapports sociaux où les questions liées à la « vie privée » et à sa division sexuelle du travail ne seraient pas minimisées, mais pleinement intégrées aux revendications politiques. Le sous-titre de la brochure annonce sa volonté polémique, puisqu'il indique :* Les partis d'avant-guerre et le féminisme. *Brion ne s'intéresse bien sûr qu'aux « partis avancés » liés au mouvement ouvrier (socialistes ou syndicalistes de la CGT). Même si elle remercie au passage des députés radicaux qui ont soutenu la cause des femmes, elle ne croit guère en l'efficacité du parlementarisme. Ses principaux adversaires sont ici les camarades qui, comme dans l'affaire Couriau en avril 1913 ou à Nancy en 1901 chez Berger-Levrault, ont fait renvoyer des typotes. Tous ces hommes ignorent unanimement la double exploitation des femmes (comme salariées de second rang et comme domestiques non reconnues au sein de leurs familles) et rêvent de les arracher à l'usine pour n'en faire que des reproductrices. L'appel de Brion est hanté, comme chez Olympe de Gouges cent vingt ans auparavant, par l'esclavage colonial, la violence physique, les formes occultées de la servitude intérieure (« la géhenne du foyer ») et l'idiotie des proclamations misogynes de tous bords, qu'elles prennent ou non des allures progressistes.*

L'Histoire, celle de la Révolution française dont les héroïnes sont à deux reprises évoquées sans égard à leur véritable rôle, celle aussi des différentes vagues féministes du

XIXe siècle, vient, encore une fois, à la rescousse d'une démonstration de l'universalité des capacités féminines : la politique, l'industrie, les métiers de services, les transports, etc. Le traitement du problème de la « protection » du travail des femmes que refusent alors tous les mouvements féministes (de gauche, de droite ou catholiques) est plus inédit, de même que la défense de « la grande dame » ou de la fausse criminelle, victimes de l'injustice sociale faite à toutes *les femmes. De belles inventions verbales en font des « martyres de l'organisation masculiniste du monde » et le texte croît en intensité dramatique. Tout entier ponctué de points d'exclamation et d'interjections qui font encore grand effet, il devient l'expression d'un « nous féministes d'avant-garde » qui permet de faire retour, dans l'avant-dernière partie, sur le droit de vote (promis mais inexistant) et le cas des fausses candidates aux élections de 1912. L'adresse terminale aux internationalistes d'un comité où siégèrent Trotski et Lénine rappelle l'oppression spécifique des femmes et leur rôle – toujours oublié – dans toutes les révolutions. « Femme, ose être ! » : cette forte formule – qui est à la fois introductive et finale – dit assez la nécessité du combat féministe et peut-être sa faiblesse momentanée : se dire fondé sur une « communauté de souffrances » et compter, pour y mettre fin, sur « la force morale ». Apitoyer la classe politique et moraliser le débat, c'est là une tactique nécessaire des féminismes de la première vague.*

Devant la commission militaire qui va la condamner à trois ans de prison, Brion tient à faire une déclaration qui rappelle l'illogisme de la situation des femmes dans un pays qui colonise au nom de la civilisation : « Je comparais ici comme inculpée d'un délit politique : or je suis dépouillée de tous droits politiques. Parce que femme, je suis classée de plano, *par les lois de mon pays, inférieure de beaucoup à tous les hommes de France et des colonies. [...] Je suis hors la loi. [...] Je suis ennemie de la guerre parce que féministe ; la guerre est le triomphe de la force brutale, le féminisme ne peut triompher que par la force morale et la valeur intellectuelle [...] »*

La Voie féministe

Femme, ose être !
Félix Pécaut.

Les partis avancés nous disent volontiers à nous, féministes, lorsque menant le bon combat dans leurs rangs, nous sommes amenées par la force des choses à corser leurs revendications de nos propres revendications à nous femmes, – les partis avancés, volontiers agacés et ne comprenant pas, nous demandent souvent :

« Mais enfin qu'est-ce que votre féminisme ? Qu'est-ce qu'il demande en plus de ce que nous offrons ? »

Et ici ils se divisent en deux clans tout aussi convaincus, chantant même antienne, à un mot près : Le socialisme suffit à tout ! Le vrai féminisme c'est d'être socialiste ! Vous n'avez pas besoin d'être féministes, il doit vous suffire d'être socialistes, pleinement, intégralement – toute la question sociale est là !

Et l'autre clan : Le syndicalisme suffit à tout ! Le vrai féminisme, c'est d'être syndicaliste. Si vous êtes vraiment syndicaliste, cela doit vous suffire car le syndicalisme intégral, c'est la vraie solution de la question sociale et vous n'avez que faire des boniments de l'action parlementaire !

Elles commencent à être quelques-unes, les militantes féministes, qui ont entendu ces refrains !

Au nom d'elles toutes, je voudrais essayer d'expliquer ici pourquoi c'est faux, pourquoi les militants hommes eux-mêmes n'y croient pas beaucoup et se sentent troublés et inquiets devant le féminisme qui s'affirme et qu'ils ne comprennent pas ; pourquoi les militantes femmes doivent continuer plus que jamais à arborer cette étiquette représentant une doctrine qui seule apporte solution à une foule de questions sociales dont le socialisme et le syndicalisme semblent ignorer même l'existence.

Socialisme et syndicalisme s'efforcent surtout d'améliorer le sort des travailleurs et des classes pauvres.

Or, les femmes sont plus exploitées encore par la collectivité masculine en tant que femmes qu'elles ne le sont par le capital en tant que productrices.

Et sans sortir du monde ouvrier, la preuve m'en est facile à faire, car la plus criante injustice qui frappe la travailleuse – ouvrière, employée ou fonctionnaire – est cette inégalité de salaire pour un même travail que chacun peut constater. Or, cette injustice vise non la productrice, mais la femme. C'est la femme qui est dépréciée comme travailleuse *a priori* par cette mesure odieuse et stupide qu'un usage séculaire a consacré.

Un exemple entre mille, et d'ailleurs point n'en serait besoin :

Élisabeth Trundle, nous raconte Gustave Téry dans *le Journal*, est arrêtée à Brooklyn pour port d'habits masculins. « Que voulez-vous ? dit-elle aux juges, je suis relieuse de mon métier. Si je travaille dans un atelier vêtu en femme, on me donne 30 francs par semaine ; habillée en homme, j'en gagne 75 ! »

Sans commentaire !

Ce premier point une fois acquis qui nous montre la femme plus victime encore parce que femme que parce que travailleuse, comparons un peu le travail qui est imposé à l'individu féminin à l'atelier et dans la famille.

À l'atelier la femme a un salaire fixe, si minime soit-il ; elle a des heures de travail réglées si nombreuses soient-elles et elle en a de libres. À l'atelier elle se sent une dignité de productrice, de travailleuse, elle dit fièrement « mon argent » en parlant du salaire qu'elle touche, si infime soit-il. Si lamentable que soit sa position, elle ne sera pas frappée à l'atelier par l'entrepreneur ou le contremaître sans qu'une opinion publique ne l'aide à se faire rendre justice.

Dans la famille… ses heures de travail ne sont pas limitées. Elle se doit tout le temps, à toute heure du jour et de la nuit, elle se doit à tous : vieux parents, maris, enfants, malades ou bien portants, et elle ne peut jamais avoir le sentiment que sa tâche est finie. Pour ce labeur écrasant, pour cet esclavage perpétuel, elle ne touche pas un centime et elle n'a pas droit au beau titre de travailleuse. Elle n'est pas une productrice. Vous entendrez couramment l'homme du peuple et même de la petite bourgeoise dire avec orgueil :

« Oh ! moi, ma femme ne fait rien. Je ne veux pas qu'elle travaille. Elle ne fait que "son ménage". »

Et l'homme qui parle ainsi a bien le sentiment qu'il nourrit sa femme à ne rien faire : volontiers il le lui dira et fera sentir qu'il est le maître.

Et la loi, expression de la volonté et de la pensée des *hommes seuls*, la loi en juge ainsi et consacre ce sentiment – la loi sur les retraites ouvrières notamment, qui ne compte le travail ménager comme métier que lorsqu'il est exercé par une mercenaire.

L'exposé des deux situations ne laisse pas de doute ; c'est dans la famille que la femme est le plus opprimée ; en venant à l'atelier et à l'usine, elle conquiert un semblant d'indépendance et l'attrait puissant qu'elle y trouve, ainsi qu'à cette vie plus variée d'ailleurs, entre pour un facteur non négligeable dans le mouvement social qui, de plus en plus, fait sortir les femmes du foyer.

Eh bien c'est précisément là où elle est le plus opprimée, dans la famille, à *son* foyer, que le syndicalisme ne peut rien pour elle. À peu près impuissant déjà pour défendre la travailleuse exploitée par le travail à domicile, il est radicalement impuissant pour défendre la femme qui souffre de l'oppression, de l'exploitation familiale.

La géhenne du foyer, tel qu'il est constitué, pèse sur toute la vie de la femme et empêche toute manifestation d'indépendance et de pensée. Nous nous rappelons fort bien, nous féministes, d'un exemple typique de la grève Lebaudy, quelque temps avant la guerre, exemple qui serait bien de nature à faire réfléchir nos camarades hommes, s'ils en avaient le temps.

C'est en pleine grève. Les femmes grévistes et quelques hommes sont à la porte, veillant au débauchage et empêchant l'entrée les ouvrières trop timides pour faire grève, si on ne semble les y forcer. Aussi, on les « force » – aux rares qui viennent pour reprendre le travail, les gardes de la porte disent quelques mots, font le geste de défendre l'entrée et ça suffit : elles s'en retournent ou restent là à regarder aussi. Et que voient-ils soudain, tous et toutes ? Une femme qui arrive pleurante, morte de honte, suivie par un homme qui, *à coups de trique et de pied*, la force à avancer… C'est une gréviste de la veille et de l'avant-veille que son tsar ramène au travail, parce que ça lui déplaît que sa femme fasse grève.

Et les chevaliers de la grève restent là, impuissants devant cet homme qui, sous leurs yeux, pousse la porte et, toujours cognant, pousse sa femme à l'intérieur du bagne…

S'il s'était agi d'un contremaître battant une ouvrière, tout le monde syndical aurait bondi ; mais c'était l'homme, affaire privée ! question de ménage ! Le syndicalisme s'occupe uniquement de questions de travail.

Nous ne le lui reprochons pas ; mais alors qu'il ne nous reproche pas non plus de nous occuper de ces questions qui existent pour nous au moins autant que les conflits du travail !

Qu'ils comprennent, nos camarades, que pour la femme le centre de la vie est ailleurs qu'à l'atelier, que l'ouvrière n'est qu'un moment dans la vie de la femme. C'est la vie de famille qui l'absorbe le plus – même si cette famille n'est représentée que par de vieux parents à sa charge. Elle en traîne les soucis à l'atelier plus fréquemment qu'elle ne traîne les soucis de l'atelier chez elle. Son travail d'atelier ou d'usine, d'ailleurs, n'est le plus souvent qu'un travail de manœuvre ne demandant aucun effort d'intelligence pour être accompli, laissant l'esprit et le cœur vides. La femme n'a pas à déployer d'esprit créateur ou inventif dans son travail ; son éducation professionnelle, les perspectives qui lui sont ouvertes dans un métier manuel, sauf la couture, sont de par les mœurs infiniment bornées.

L'homme peut se passionner pour son métier, chercher à s'y perfectionner, à améliorer les machines et outils qui lui servent ; tout l'y convie, tout l'y invite, alors que tout repousse la femme vers ce qui est à l'heure actuelle à peu près le seul centre admis de son activité : la famille.

Et non seulement le syndicalisme ne saurait suffire à l'émancipation de la femme puisqu'il ne s'occupe que de l'ouvrière – et nous ne saurions, en conséquence, y borner nos efforts, nous féministes – mais nous avons encore, par moments, l'appréhension très nette d'avoir à le combattre un jour s'il n'arrive pas bientôt à préciser ses volontés à notre égard.

Beaucoup de syndicalistes, en effet, ont encore, en ce qui concerne la femme, la vieille conception chère à Proudhon : ménagère ou courtisane. Courtisane, elle a un usage bien défini. Ménagère, elle sert au même – et à plusieurs autres. Elle est cuisinière, plongeuse, blanchisseuse, repasseuse, ravaudeuse, lingère, mère, nourrice, bonne d'enfants, gardes-malades, etc.

Cette vie si remplie ne lui suffit pas plus que l'autre. Elle veut le droit de s'en faire un troisième genre, une vie libre dont elle veut choisir elle-même les éléments.

Le droit au travail et à la vie libre, ce droit que les féministes ont revendiqué pour les femmes depuis toujours, beaucoup de syndicalistes nous le refusent.

Et la retentissante affaire Couriau qui n'est point tant vieille est là pour prouver ce que j'avance. Je rappelle brièvement les faits :

Une femme typographe, Mme Couriau, syndiquée depuis des années, ainsi que son mari, et travaillant au tarif syndical, arrive à Lyon et s'y embauche avec son mari. Mais les camarades syndiqués de Lyon n'admettent pas que les femmes travaillent autour de leur personne. Ils somment Couriau de défendre à sa femme de travailler. Couriau ne veut rien entendre, il ose soutenir que sa femme est libre, lui aussi, et qu'ils ne font de mal à personne puisqu'ils travaillent au tarif syndical.

Nos bons camarades syndiqués, alors, vont trouver le patron et menacent de déclencher une grève générale si Mme Couriau continue à travailler. Le patron est obligé de céder : Mme Couriau est renvoyée, chassée du syndicat en outre, et son mari aussi.

Le monde féministe se leva tout entier pour protester contre cet odieux acte d'arbitraire et pas une *seule voix* du monde *officiel* syndicaliste ne s'éleva pour le flétrir.

Ce fait n'est malheureusement pas isolé. À commencer par la fameuse grève de Nancy, chez ces mêmes typos si intransigeants, grève où l'on reprocha tant aux femmes d'avoir joué le rôle de « jaunes », bien des mouvements ouvriers ont eu pour but l'exclusion des femmes de certains métiers où la dure nécessité de la vie, jointe à leur goût personnel, les pressait de gagner leur pain.

J'ai ouï dire à Élisabeth Renaud qu'elle avait assisté un jour à une courte grève chez un menuisier marchand de meubles du faubourg qui avait eu l'idée d'embaucher chez lui une femme mourant de faim.

La malheureuse n'y resta pas un jour…

Et sans remonter si loin, n'avons-nous pas toutes lu au début de la guerre la fulgurante protestation du Syndicat des transports qui s'élève contre l'emploi des femmes comme wattmen et invite, en termes à peine déguisés, le public à culbuter les voitures qui ne seront pas conduites par des « hommes » ?

Tout récemment encore, à Londres, une grève monstre de wattmen avait le même but : empêcher les femmes de gagner leur vie comme conductrices d'autobus.

Et ne me dites pas que nos bons camarades syndiqués agissent ainsi en vue de la santé de la femme et de l'intérêt public !

Pour ce qui est de l'intérêt du public, l'expérience nous prouve en ce moment qu'il n'est pas en péril : les femmes wattmen fleurissent un peu partout ; elles sillonnent non seulement Paris et sa banlieue, mais Bordeaux, Le Mans, etc. Et l'autorité militaire elle-même, suivant avec deux ans de retard l'exemple anglais, confie ses convalescents, ses blessés et même ses lourds fourgons de ravitaillement aux faibles et maladroites mains des faibles et maladroites femmes sans aucun danger pour personne. Bien mieux, il y a déjà à Fécamp deux femmes mécaniciennes de locomotives… mais n'anticipons pas.

Quant à la santé de la femme !… Laissons cela, voulez-vous ! Ne nous faites pas ressouvenir de cette fameuse loi sur le travail de nuit, par exemple, voulue par des hommes et votée par des hommes, soi-disant dans l'intérêt de la santé des femmes et aboutissant simplement à faire perdre leur gagne-pain à des typotes qui gagnaient dans les 6 francs par nuit, sans « protéger » pour cela les plieuses de journaux qui ne gagnaient, il est vrai, que deux ou trois francs.

La faiblesse de la femme, la santé de la femme ! Ne l'invoquez pas, alors que la femme est depuis toujours dans les travaux les plus pénibles et les plus répugnants, à la mine et dans la culture, à la filature et au dévidage des cocons, à la boyauderie, dans les porcelaines et terres cuites, dans le travail des colles, des cirages, des graisses, dans les tanneries aussi bien qu'à l'hôpital et à l'hospice où elle soigne les plaies hideuses et fétides.

Non ! ne venez pas parler de santé à ménager pour la femme en tant que travailleuse alors qu'elle reste soumise en tant que femme à votre absolu caprice d'hommes ! Alors que vous lui imposez à votre gré ou les maternités multiples et épuisantes, ou les avortements (que vos lois condamnent !) ou la stérilité, qui pour elle réduit l'univers à votre seule personne !

Ne parlez pas de votre souci de la santé ni pour la femme ni pour la jeunesse tant que vous accepterez l'existence des maisons closes et l'infâme régime de la police des mœurs !

Non !

Ce qui les pousse à agir ainsi, nos camarades syndicalistes, c'est simplement l'instinct masculin habitué depuis des siècles à domestiquer la femme et qui s'affole à l'idée de son affranchissement possible ; c'est l'instinct brutal de domination du César romain ou du maître d'esclaves qui s'exaspère à l'idée que son bétail commence à lui échapper.

Vous le voyez s'épanouir en plein dans le fait divers suivant que je copie dans une vieille *Lanterne*, un journal de mars 1907 :

« Deux cochers ont manifesté d'une façon peu galante le dépit qu'ils éprouvent de la concurrence peu ruineuse, cependant, que leur font les cochères.

« C'est d'abord à l'angle des rues de Sèvres et Vanneau qu'un cocher a fait tous ses efforts pour accrocher la voiture conduite par une femme. Il a réussi à détériorer l'arrière du fiacre, après quoi, satisfait, il a pris la fuite.

« Un autre a été moins heureux : vers cinq heures du soir, Madame Decourcelles, femme cochère au service du loueur Valentin, conduisait deux dames, lorsque devant le n° 144 de la rue de Rivoli, elle fut brusquement coupée par une voiture de la Cie l'Urbaine que conduisait le cocher D***.

« Pour éviter le choc, la femme cochère fit faire très adroitement un écart à son cheval, mais malheureusement sa voiture heurta une automobile qui passait à cet instant. Les deux ressorts du fiacre furent cassés, les glaces volèrent en éclats et le strapontin fut brisé !

« Mme Decourcelles, qui n'est pas seulement une habile cochère mais une femme à poigne, sauta de son siège et se mit à la poursuite de D*** qui, fouettant son cheval, détalait à toute vitesse. Le prenant courageusement au collet, elle le ramena et appela des agents qui interrogèrent les témoins.

« Procès-verbal a été dressé contre D*** pour entraves à la liberté du travail et violences volontaires par M. Bureau, commissaire de police du quartier des Halles. »

Vous le retrouverez, ce même instinct, à l'autre degré de l'échelle sociale, chez les fils de famille qui envahissaient à la fin du XIXe siècle le congrès féministe en chantant des chansons obscènes et en lançant des ordures dans la salle des délibérations. Vous le retrouverez chez les étudiants qui, une certaine année, poursuivent de leurs injures dans les rues de Paris deux des premières femmes docteurs.

C'est le même qui précipitait, il y a quelques années à peine, les petits jeunes gens chics du boulevard sur les mannequins de la rue de la Paix, essayant de lancer la mode de la jupe-culotte. Le même qui vers 1851 ameutait les Yankees de la libre Amérique contre les Bloméristes qui avaient eu l'audace de revêtir un costume de bipède.

De la doctoresse à la femme cochère de Miss Garrett et Blackwell à Mmes Dufaut et Decourcelles, toutes celles qui nous ont arrachées ou tenté d'arracher quelques bribes de liberté ont eu à lutter contre. Et ce non seulement en France et en Europe, mais en Turquie, en Perse, en Chine, aux Indes, partout où le sexe esclave, enfin touché par le saint Esprit de la révolte, a tenté de réagir contre un misérable sort.

Syndicalisme et Socialisme s'intéressent surtout aux pauvres, à la condition matérielle.

Mais les êtres en général, les femmes en particulier et même les femmes riches peuvent souffrir de mille misères morales aussi torturantes que la pauvreté, plus peut-être.

Je ne ferai pas à l'immense majorité de nos camarades l'injure de croire qu'ils doutent de ce que j'avance. S'il y a un petit nombre de brutes qui paraissent croire et affectent de dire que l'argent est le remède à tous les maux, qu'on ne saurait être à plaindre quand on a matériellement « tout ce qu'il faut », je sais qu'ils sont l'exception et que, je le répète, l'immense majorité a une plus juste idée de la complexité de la vie et de l'âme humaine.

Ceux-là nous comprendrons [*sic*] et toutes les femmes nous comprendrons [*sic*] de même si nous affirmons qu'il y a des femmes riches, voire de très grandes dames qui ont souffert et qui souffrent de l'organisation sociale autant et plus peut-être que des ouvriers d'usine. Car la faculté de souffrir dépend du développement et du degré de culture de l'individu.

Et telle « grande dame » dont la vie se passe dans les œuvres de bienfaisance et de solidarité à lutter contre la misère et le vice a peut-être plus souffert moralement de l'injustice sociale que telle pauvresse secourue par elle et trop abrutie par sa propre misère pour la réfléchir.

Oui, elles ont souffert de l'organisation sociale les Joséphine Buttler, les Pauline de Grandpré s'épuisant toute leur vie à la lutte contre la prostitution. Elles ont souffert de l'injustice masculine, Miss Garrett et les deux Miss Blackwell usant leur fortune et leur énergie des années durant à plaider contre les Universités de Londres, d'Édimbourg, contre 14 facultés américaines qui leur refusaient, parce que femmes, le droit de suivre les cours de médecine ! Elle a souffert, Élisabeth Cady Stanton, l'ardente anti-esclavagiste et féministe, faisant un voyage de 5 000 kilomètres pour venir assister à un congrès anti-esclavagiste en Angleterre vers 1840 et mise à la porte du congrès, quoique déléguée, parce qu'elle était femme.

Et dans le domaine sentimental les innombrables souffrances de la femme, de la mère quel que soit son rang social, quelle que soit sa nationalité ou sa race, ne les énumérons pas ! Évoquons-les seulement ! Chacun et chacune verra se presser une foule de martyres de l'organisation masculiniste du monde, depuis les veuves de l'Inde brûlées vives sur le tombeau du Maître et la Chinoise aux pieds brisés, jusqu'à Mme Lafarge et Mme Doeckes en passant par la pharmacienne au petit cadenas !

Non, camarades syndicalistes, votre idéal ne saurait nous suffire ! Si vous retournant la phrase dont vous aimez à nous « embarrasser » : mais enfin qu'est-ce que c'est que votre féminisme ? si nous vous demandions à brûle-pourpoint : mais enfin, qu'est-ce que c'est que votre syndicalisme ? peut-être n'y en aurait-il pas beaucoup d'entre vous qui pourraient immédiatement répondre par une phrase claire ou par deux ? Et si à cette première question, j'en ajoutais une autre : Quelle place votre syndicalisme me fait-il à moi, femme ? Alors, là je suis bien sûre qu'il n'y aurait pas de réponse du tout ! Un profond étonnement, un embarras d'une seconde, l'ennui et la vague inquiétude de sentir soudain dans l'ombre mille problèmes insoupçonnés qui se dressent.

Puis l'habituelle suffisance reprenant le dessus, nous aurons ou le haussement d'épaules méprisant ou la série des lieux communs sur le rôle de la femme et sa « place naturelle » au foyer, dans l'ombre et le sillage de l'homme. Phrases banales et creuses, écœurantes à entendre pour qui pense fortement, qui vous choqueront d'autant plus sur les lèvres de ces farouches révolutionnaires que vous les avez déjà entendues et lues, identiques en leur platitude et leur convention, chez les « bourgeois » d'en face et les gens « comme il faut » de tout poil et de tous partis.

Je ne puis, quant à moi, les entendre sans qu'elles n'évoquent le discours grotesque et boursouflé de Chaumette chassant de la Convention, le 29 brumaire, les républicaines révolutionnaires qui venaient, une fois de plus, y demander leurs droits.

« L'enceinte où délibèrent les magistrats du peuple, s'écriait ce farouche ami de la Liberté pour lui-même, doit être interdite à tout être qui *outrage la nature !*... Depuis quand est-il permis d'abjurer son sexe ? Depuis quand est-il décent de voir les femmes abandonner les soins pieux de leur ménage pour venir sur la place publique, dans les tribunes aux harangues, à la barre de l'Assemblée ? Femmes impudentes, qui voulez devenir des hommes » etc.

Ce souvenir nous amène à la question des droits politiques et à l'examen de ce qu'a été pour nous autres femmes l'action du parti qui représente dans la vie politique les intérêts des opprimés.

Sans remonter au déluge ni à la première République, sans interroger Saint-Simon, Fourrier, ni même le Proudhon de tout à l'heure sur leur conception de notre rôle social et la place qu'ils nous réservaient dans la société future, tenons-nous-en à la IIIe République. Et voyons un peu quelle a été l'activité déployée pour nous par ce parti qui voudrait sans vergogne nous interdire toute action sociale en dehors de ses cadres.

Voici, dans l'ordre chronologique, quelques-unes des réformes qui nous intéressent.

1884-1886. Rétablissement du divorce : artisan Naquet.

1904. M. Vallé, constitution de la Commission de Révision du Code civil, révision « *pro feminæ* ».

1905. Projet Charles Beauquier contre l'incapacité légale de la femme mariée.

1906. M. Chéron, formation du groupe parlementaire des Droits de la femme. Henri Coulon, Commission extra-parlementaire de réforme du mariage.

1907. Loi Goiran sur le salaire de la femme mariée.

1907-1908. Les femmes éligibles aux Conseils de Prud'hommes.

1913. Paul Strauss, allocation aux femmes en couches : 0,50 F par jour.

Le projet de loi accordant aux femmes le droit de tutelle, projet qui, naturellement, traîna dans les cartons de la Chambre de nombreuses années avant d'aboutir il y a quelques mois, nous évoque les noms de Castelnau, Marc Réville, Maurice Violette.

Quant aux projets, ils sont légion : projet Dussaussoy-Buisson pour le vote municipal ; projet du président Magnaud, « le bon juge », demandant que la séparation de biens devienne régime légal pour les mariages sans contrat ; projet Martin et Maurice Violette demandant le divorce par consentement mutuel ; projet E. Giraud donnant tutelle légale, à la femme, sur le mari interné ;

projet Chautemps-Borel demandant que les adultères et divorces soient examinés en audiences privées ; projet Beauquier demandant la suppression de l'incapacité légale de la femme mariée et proposant de faire de l'aliénation mentale un cas de divorce…, etc.

Parmi tous ces noms, camarades socialistes, pas un seul des vôtres.

Parmi toutes ces réformes ou bribes de réformes arrachées par le constant travail et l'effort acharné du féminisme, pas une seule dont l'initiative vous revienne !

Et cette fameuse loi sur la recherche de la paternité restée en chantier trente ans durant, elle ne doit rien non plus à l'activité socialiste !

Ils n'ont abouti à rien de bien d'ailleurs, les braves Messieurs qui l'ont faite. Et c'était fatal. Sur une matière aussi délicate et qui les touche de si près, seules, les femmes pouvaient trouver une solution satisfaisante. La recherche de la paternité est un principe faux et que nous combattons, nous féministes d'avant-garde, parce qu'elle tend à perpétuer la vieille erreur millénaire de la famille basée sur l'homme alors que sa base naturelle et logique est la femme et la femme seule. Partant d'un principe faux, nos bons législateurs, malgré tout leur zèle et leur science juridique, ne pouvaient arriver qu'à faire une loi boiteuse. Et c'est à quoi ils ont abouti. Mais nous ne pouvons nous empêcher, nous féministes, de leur être tout de même reconnaissantes de s'être donné tant de peine pour essayer de remédier à un mal flagrant dont la cause profonde leur échappe.

Et nous sommes bien obligées, une fois de plus, de constater qu'il n'y avait pas de socialistes dans leurs rangs.

Le temps d'ailleurs n'est pas encore bien loin dans le passé où nos délégations féministes venant à la Chambre pour une réclamation féministe devaient s'adresser, pour être sûres d'être reçues, à des radicaux ou des radicaux socialistes, encore que souvent la délégation presque entière fût composée de membres du parti.

Nous savons, il est vrai, que vous avez inscrit le vote des femmes au programme politique du parti. Nous savons même que, juste à la veille de la guerre, aux dernières élections municipales et dernières élections législatives, le parti avait fait l'effort de *soutenir* (?) des candidatures féminines et féministes. Élisabeth Renaud, dans l'Isère ; Madeleine Pelletier et Caroline Kauffmann, à Paris, avaient couru – si je puis dire – la course électorale sous les couleurs du P.S.U., en mauvais terrain d'ailleurs et sans aucune chance, faisant simplement ce qu'on appelle en termes de courses « le jeu de l'écurie ».

Et il nous souvient même fort bien des sentiments complexes qui nous agitaient en prenant part avec passion à la campagne électorale ; lueur d'espoir et bonheur de combattre son propre combat, de servir la justice dans une cause à la fois la plus haute et la plus proche. Et avec cela, honte profonde et douloureuse, amertume, humiliation.

Car voir une intelligence comme Madeleine Pelletier, par exemple, aux prises avec le crétinisme populaire des quartiers les plus réacs de Paris, sentir que toute cette force intellectuelle et cette compétence qui auraient pu être utiles à notre parti au Parlement étaient condamnées à ne se déployer que là, dans ce vulgaire préau d'école, et devant un auditoire si peu préparé ; voir cela alors que nous savions, dans des circonscriptions plus favorisées, des candidats de valeur à peine égale et de savoir moindre qui allaient passer haut la main !…

Je veux bien que c'était un grand honneur que le P.S. faisait au féminisme en couvrant des candidatures féminines de son étiquette. Mais il se serait fait un honneur à lui-même, un honneur beaucoup plus grand encore et aurait acquis sans conteste des droits imprescriptibles à notre reconnaissance s'il avait fait en sorte qu'une candidate, une femme, fût élue.

Oui, j'entends bien les cris ; il aurait fallu sacrifier une bonne circonscription, déranger de petites combinaisons, bousculer certaines médiocrités… Quel effarement dans la République des camarades !…

Mais quelle victoire morale pour le parti et quel enthousiasme pour lui dans le monde féministe ! Victoire morale de portée incalculable en cette veille et avant-veille du conflit tragique où le monde se débat en ce moment ! Geste d'une portée formidable qui aurait précipité dans le monde politique une force nouvelle d'une puissance inconnue, d'un enthousiasme et d'une foi illimités, peut-être capable à elle seule de changer, d'assainir, de purifier et de renouveler le vieux monde, en lui épargnant les horreurs et les crimes de l'heure actuelle !

Donc, ni le syndicalisme, ni le socialisme ne sauraient nous suffire. Et il nous faut, dans l'intérêt supérieur de la justice et dans le nôtre, continuer le combat féministe à côté et en marge de tous les autres.

Nous n'y faillirons pas. Et nous avons pris position nettement vis-à-vis de nos camarades d'extrême avant-garde, par la note suivante à eux adressée depuis tantôt un an :

Adresse féministe au comité pour la reprise des relations internationales

Nous qui n'avons rien pu pour empêcher la guerre, puisque nous ne possédons aucun droit civil ni politique, nous sommes de cœur avec vous pour en vouloir la fin.

Nous sommes de cœur avec vous pour vouloir, après cette fin ou à l'occasion de cette fin, essayer d'instaurer en Europe un système social plus juste et plus équitable qui, d'une part, rende les guerres moins fréquentes, par une sorte de fédération des nations et assure, d'autre part, au sein de chaque nation, une vie plus large et moins précaire à l'immense masse des travailleurs.

Nous sommes, nous, femmes, avec la masse des travailleurs, parce que partout elle est opprimée et que nous sommes, nous, femmes, également partout opprimées beaucoup plus même que n'importe quelle classe de travailleurs.

Comme vous, travailleurs, et plus que vous, nous souffrons des guerres et c'est pourquoi nous voudrions essayer d'en prévenir le retour.

Mais, avant d'entrer à vos côtés dans une phase plus décisive d'action, nous tenons à bien mettre en lumière les motifs qui nous font agir et à faire sur votre attitude les réflexions que les faits nous commandent.

Vous n'avez jamais été justes, travailleurs, vis-à-vis des femmes qui vous ont aidés dans vos luttes.

À l'aube de 89, au moment où une ère nouvelle semblait commencer pour le monde, elles vinrent à vous, confiantes, parce que vous parliez de liberté et qu'elles pensaient obtenir la leur. Vous les avez repoussées.

Fiers de vos droits fraîchement acquis de « citoyens », au lieu de leur tendre une main fraternelle, à elles qui depuis des siècles tiraient la charrue à vos côtés et mangeaient, comme vous, l'herbe des champs dans les années de grande famine, vous avez raillé, vous avez méprisé. Vous qui ne vouliez plus de despotes, vous vous êtes effrayés à l'idée de l'émancipation possible de vos esclaves éternelles. Vous avez dispersé les clubs de femmes, confisqué les journaux des femmes, retiré aux femmes le droit de pétition, défendu aux femmes toute pensée, toute action. Vous avez rejeté brutalement les femmes dans l'ignorance d'où elles voulaient sortir, dans les bras de l'Église à qui elles voulaient échapper. Plus de la moitié de celles qui furent, quatorze ans, l'âme de la révolte vendéenne, étaient venues confiantes à la Révolution en 89 ; mais, repoussées, comme le furent d'abord les Noirs des colonies, elles firent comme eux et se révoltèrent. Et Legouvé a pu écrire plus tard que la Révolution échoua parce qu'elle ne sut pas s'attacher les femmes.

Remarquez cependant que malgré cette dureté de vous à leur égard, beaucoup espérant toujours restèrent sur la brèche à vos côtés. Vous connaissez tous Mme Roland, Charlotte Corday, Théroigne de Méricourt, Rose Lacombe, Olympe de Gouges, Sophie Lapierre et les femmes babouvistes, tant d'autres, qui scellèrent de leur sang leur foi révolutionnaire.

Au cours de tout le XIXe siècle, à toutes les époques de crises, les femmes vous accompagnent ou vous précèdent. En 1830, en 1848, en 1851, en 1871, nous trouvons Flora Tristan, Jeanne Deroin, Pauline Roland, Eugénie Niboyet, Adèle Esquiros, André Léo, Olympe Audouard, Louise Julien, Louise Michel, Hubertine Auclert, Eliska Vincent, Nathalie Lemet, tant d'autres encore, dont les noms peu ou point connus de vous nous sont chers à nous féministes comme le sont aux peuples opprimés les noms des héros nationaux.

À chacune de ces époques, les femmes sont venues à ceux qui luttaient pour plus de liberté et de bien-être, pour une vie plus intelligente et plus humaine. Les pionnières du féminisme se sont données sans compter à votre cause, essayant d'y adjoindre celle des femmes et de vous faire comprendre la connexion étroite des deux, non par égoïsme et pour en tirer un profit personnel, mais par amour de la justice, dans l'intérêt de toutes leurs sœurs qui souffrent, dans votre intérêt à vous aussi, travailleurs, qui ne le comprenez pas.

Vous avez toujours accepté leur concours, parfois avec un peu de honte et en rougissant de ce que vous leur deviez, ainsi qu'il advint lors du procès des 107 associations ouvrières de Jeanne Deroin.

Mais tout en acceptant leurs efforts, vous n'avez jamais songé, le moment venu, à partager avec elles les trop légers avantages qu'elles vous avaient aidé à arracher au pouvoir. Vous n'avez pas encore compris ou voulu comprendre que votre cause ne sera vraiment juste et sainte que le jour où vous ne souffrirez plus d'esclaves parmi vous. Tant qu'il vous paraîtra naturel de garder des privilèges vis-à-vis de plus d'une moitié de la nation, vous serez mal fondés à réclamer contre les privilèges que d'autres ont par rapport à vous. Si vous voulez la justice à votre égard, tâchez de la pratiquer à l'égard de vos inférieures, les femmes.

Travailleurs, une crise sociale plus grave que toutes celles du XIXe siècle se prépare en ce moment. Les femmes, comme toujours, viennent à vous d'instinct, prêtes à donner sans compter leur dévouement le jour où vous agirez.

Et les féministes viennent à vous aussi, avec le même dévouement et la même volonté. Mais elles tiennent à vous dire : « Si, cette fois encore, vous acceptez le concours des femmes – et vous ne pouvez pas ne pas l'accepter ! – sans songer à leur faire place pour des réparations sociales, si vous les conservez serves au lieu d'en faire vos égales au point de vue économique, civil et politique, votre œuvre entière sera manquée ! »

Elles viennent à vous pour vous rappeler, ou pour vous apprendre que, dès 1843, une femme, Flora Tristan, avait eu la première idée de l'Association Internationale des Travailleurs, et elles vous citent ce passage, trop oublié, du manifeste qui précédait les statuts et en résume l'esprit :

« Nous, prolétaires, nous reconnaissons être dûment éclairés et convaincus que l'oubli et le mépris des droits de la femme sont les seules causes des malheurs du monde et nous avons résolu d'inscrire dans une déclaration solennelle ses droits sacrés et inaliénables...

« Nous voulons que les femmes soient instruites de nos déclarations afin qu'elles ne se laissent plus opprimer et avilir par l'injustice et la tyrannie de l'homme et que tous les hommes respectent dans les femmes, leurs mères, la liberté et l'égalité dont ils jouissent ! »

Travailleurs qui lisez ceci, les féministes vous disent : Si vous vous étiez inspirés des statuts et de l'esprit de cette toute première Internationale, que vous ne comptez même pas dans votre histoire, la seconde n'aurait pas fait la lamentable faillite dont le monde souffre.

Travailleurs, les féministes d'avant-garde attendent votre réponse et vous laissent à méditer ce mot de Considérant :

« Le jour où les femmes seront initiées aux questions sociales, les révolutions ne se feront plus à coups de fusils ! »

Transmis au Comité par Hélène Brion.

Remis à Merrheim le 23 octobre 1916.

Aucune réponse n'a été faite jusqu'à présent à notre communication ; et cette façon de ne pas répondre commence à prendre l'allure d'une réponse, d'une réponse fort significative, même !

Je ne suis pas autorisée à en tirer ici, pour l'instant, de plus amples conclusions, mais une s'impose et la voici :

La voie féministe ne saurait se confondre avec la voie syndicale et socialiste – en admettant que ces deux mots veuillent rester accouplés – tout au moins dans son tracé actuel.

Mais, d'autre part, il est indéniable que le monde socialisto-syndical subit en ce moment une crise de croissance.

À la lumière crue des faits, il découvre subitement ce que son organisation, en apparence si solide, avait de factice ; il se rend compte que dans le chiffre de ses cotisants, il y avait infiniment plus de zéros que d'unités de valeur et c'est pourquoi il a suffi de la disparition d'un homme pour faire chanceler un moment toute la vie du parti. Il se rend compte qu'il s'est grisé lui-même longtemps de paroles creuses, alors qu'il croyait faire de l'éducation.

Puisse la leçon lui être profitable ! Puisse-t-il réfléchir sur les causes de cette faiblesse si réelle avec de telles apparences de force !

Pour moi, si j'osais avancer ici une opinion toute personnelle – peut-être même encore plus une impression qu'une opinion, j'émettrais celle-ci :

Dans le clan des femmes, c'est le contraire qui se produit. Nous avons une organisation en apparence bien plus défectueuse, bien moins centralisée ; nos 36 petits groupes semblent autant de forces éparses, presque opposées. Beaucoup même d'entre nous ne sont reliées à aucun groupe et mènent à leur guise, sans lien avec les autres, une œuvre éducatrice et propagandiste. Mais sous ce désordre apparent, il y a la profonde unité de pensée, née de la communauté de souffrances. Il y a une vie intense, une foi profonde dans ces petits cercles. On y remue des idées au lieu d'y triturer des mots. On a plus de fond, plus d'expérience vraie de la vie et à la fois de candeur et de naïveté. On sait plus, mais on ose moins dire et s'imposer.

Et c'est pourquoi je voudrais terminer ces pages par le mot qui y figure en exergue, appel profond et émouvant d'un grand cœur, appel plus angoissant encore à entendre à l'heure de démence que nous vivons : Femme, ose être.

La Voie féministe, 1916.

15.

Simone de Beauvoir
(1908-1986)

« On ne naît pas femme, on le devient. »
Le Deuxième Sexe, 1949.

Difficile à démêler, la personnalité de la mère, sœur et peut-être fille des féminismes contemporains. Passionnante, cette écrivaine qui sait faire entendre ses divers engagements, leurs raisons et leurs échos dans un après-guerre finalement peu favorable aux femmes malgré la concession du droit de vote. Complexes, les raisons du succès mondial du Deuxième Sexe, *de sa parution (fin 1949) à nos jours. L'ouvrage, traduit en trente-trois langues, continue de créer la polémique et sa réception suscita chez Beauvoir elle-même plusieurs séries de réflexions, qui font précisément l'objet des extraits proposés.*

La lecture de ce gros livre, même dans des traductions médiocres ou réduites comme celle qui sévissait jusqu'en 2009 aux États Unis, est un souvenir mémorable pour toutes celles (tous ceux ?) qui l'entreprirent, jeunes ou moins jeunes, avant la deuxième vague des féminismes. Le choc est peut-être moindre aujourd'hui et cela en partie à cause d'une certaine banalisation de l'idée de conditionnement social et d'une meilleure connaissance des pesanteurs historiques (politiques, socio-économiques, culturelles et psychologiques) qui aliènent les femmes, et en particulier des idées reçues qu'on leur transmet encore sur l'amour et la maternité. Néanmoins, si ce monument d'érudition (près de mille pages en « blanche » Gallimard) est devenu une référence obligée, ce n'est pas parce qu'il appelait directement à la lutte, mais parce qu'il compilait tant de savoirs et d'expériences sur le devenir femme *et le faisait de façon si claire et si ordonnée que la démonstration, irrésistible, créait un sentiment euphorique de reconnaissance de soi. À l'issue d'une telle lecture (notamment du volume II : « L'expérience vécue », bouleversant à plus d'un titre), il devenait possible d'imaginer une résistance individuelle et collective à l'injustice de l'état des choses. Les lecteurs (des lectrices aussi) allergiques aux faits présentés n'avaient du coup pas d'autres ressources que de recourir à l'injure et à la calomnie pour décrier l'ouvrage et/ou son auteure. Faire donc de « la chiennerie française », abjecte et perfide. Un trait qui n'a pas disparu du paysage local depuis la mort de Beauvoir.*

Il est inutile de redire les étapes de la carrière de celle-ci : une écrivaine philosophe, aussi essayiste, romancière, mémorialiste et épistolière, dont la trajectoire est trop souvent réduite aux péripéties de sa vie amoureuse (Sartre et les autres, filles et garçons) et aux réponses qu'elle sut donner aux aléas de la politique internationale et française : nationalismes, communismes, guerre d'Algérie, soulèvement de Mai 68 et ses séquelles, luttes pour la légalisation de l'avortement, etc. Il importe davantage de rappeler l'originalité du projet autobiographique qui nous permet de revivre ces événements dans leur continuité et leurs intrications, dans leur reconstruction mémorielle aussi, puisque ce que livre Beauvoir est le fruit d'une rétrospection, subjective et mûrement écrite, *c'est-à-dire pensée. Sur ce point elle ne différerait en rien des autobiographes qui, de bonne foi, se font conteurs et auto-analystes d'eux-mêmes. Trois traits la distinguent cependant : la conscience de son statut d'intellectuelle d'exception ; la puissance d'évocation d'une écriture qui, comme dans* Le Deuxième Sexe, *mêle anecdotes et réflexions ; enfin les retours critiques qu'elle a le courage d'entreprendre, à plusieurs reprises, sur son œuvre la plus fameuse. Des occasions de reconnaître ses dettes et ses limites personnelles, de dépeindre aussi l'élaboration et l'accueil du livre.*

Précédés par les Mémoires d'une jeune fille rangée *(1958), puis par* La Force de l'âge *(1960), les volumes nommés* La Force des choses I *et* II *(1963) et* Tout compte fait *(1972) constituent les troisième et quatrième volets des mémoires. Cependant leur mode de composition n'est pas le même. Le premier, respectant l'ordre chronologique jusqu'alors prévalent, couvre la période qui va de la Libération aux accords d'Évian. Le second « fait le point » et récapitule sous forme de huit bilans thématiques, différents engagements et les questions qu'ils ont posées et posent encore à la mémorialiste.* Tout compte fait *s'achève – délibérément et il faut le noter – sur deux aspects controversés, mais essentiels, de la pensée de Beauvoir : son féminisme et son athéisme.*

À deux moments différents de sa vie (et de l'histoire des femmes), le travail du souvenir lui permet de mesurer le chemin parcouru par elle-même et par les féministes de tous les continents. La savante est devenue militante. Le féminisme égalitaire est révolution. « On ne naît pas mâle, on le devient », parole de Beauvoir !

Un succès controversé*

Le premier tome du *Deuxième Sexe* fut publié en juin [1949] ; en mai avait paru dans *Les Temps modernes* le chapitre sur « l'initiation sexuelle de la femme », que suivirent en juin et juillet ceux qui traitaient de « la lesbienne » et de « la maternité ». En novembre le second volume sortit chez Gallimard.

J'ai dit comment ce livre fut conçu : presque fortuitement ; voulant parler de moi, je m'avisai qu'il me fallait décrire la condition féminine ; je considérai d'abord les mythes que les hommes en ont forgés à travers les cosmologies, les religions, les superstitions, les idéologies, les littératures. Je tentai de mettre de l'ordre dans le tableau, à première vue incohérent, qui s'offrit à moi : en tout cas l'homme se posait comme le Sujet et considérait la femme comme un objet, comme l'Autre. Cette prétention s'expliquait évidemment par des circonstances historiques ; et Sartre me dit que je devais aussi en indiquer les bases physiologiques. C'était à Ramatuelle ; nous en parlâmes longtemps et j'hésitai : je n'avais pas envisagé d'écrire un ouvrage aussi vaste. Mais en effet, mon étude sur les mythes restait en l'air si on ne savait pas quelle réalité ils recouvraient. Je me plongeai donc dans des livres de physiologie et d'histoire. Je ne me bornai pas à compiler ; les savants mêmes, et des deux sexes, sont imbus de préjugés virils et j'essayai de retrouver, derrière leurs interprétations, les faits exacts. En histoire je dégageai quelques idées que je n'avais rencontrées nulle part : je liai l'histoire de la femme à celle de l'héritage, c'est-à-dire qu'elle m'apparut comme un contrecoup de l'évolution économique du monde masculin.

Je m'étais mise à regarder les femmes d'un œil neuf et j'allai de surprise en surprise. C'est étrange et c'est stimulant de découvrir soudain, à quarante ans, un aspect du monde qui crève les yeux et qu'on ne voyait pas. Un des malentendus qu'a suscité mon livre, c'est qu'on a cru que j'y niais entre hommes et femmes toute différence : au contraire j'ai mesuré en l'écrivant ce qui les sépare ; ce que j'ai soutenu, c'est que ces dissemblances sont d'ordre culturel et non pas naturel. J'entrepris de raconter systématiquement, de l'enfance à la vieillesse, comment elles se créent ; j'examinai les possibilités que ce monde offre aux femmes, celles qu'il leur refuse, leurs limites, leurs malchances et leurs chances, leurs évasions, leurs accomplissements. Je composai ainsi le second volume : *L'Expérience vécue*.

Je ne passai que deux ans[1] sur cet ouvrage. J'avais des connaissances en sociologie et en psychologie. Je devais à ma formation universitaire des méthodes de travail efficaces : je savais classer et dépouiller rapidement les livres, éliminer ceux qui n'étaient que des démarquages ou des fantaisies ; je fis un inventaire à peu près exhaustif de tout ce qui avait paru en français et en anglais sur la question ; elle a suscité une énorme littérature mais, comme en beaucoup d'autres cas, un petit nombre seulement de ces études comptent. Je profitai aussi, surtout pour le second volume, de cet intérêt que pendant des années nous avions, Sartre et moi, porté aux gens : ma mémoire me fournit d'abondants matériaux.

Le premier volume fut bien reçu : on en vendit vingt-deux mille exemplaires dans la première semaine. On acheta aussi beaucoup le second, mais il scandalisa. Je fus stupéfaite du bruit que suscitèrent les chapitres imprimés dans *Les Temps modernes*. J'avais radicalement méconnu cette « chiennerie française » dont parla Julien Gracq dans un article où – bien qu'il me comparât à Poincaré discourant dans les cimetières – il me félicitait de mon « courage ». Ce mot m'étonna, la première fois que je l'entendis. « Que vous avez été courageuse ! me dit

1. Commencé en octobre 46, je l'achevai en juin 49 ; mais je passai, en 47, quatre mois en Amérique et *L'Amérique au jour le jour* m'occupa six mois.

Claudine Chonez avec une admiration apitoyée. – Courageuse ? – Vous allez perdre beaucoup d'amis ! » Si je les perds, pensais-je, ce ne sont pas des amis. De toute façon, j'aurais écrit ce livre comme j'avais envie de l'écrire ; mais pas un instant l'héroïsme ne m'avait effleurée. [...]

Jean Guitton écrivit, avec beaucoup de compassion chrétienne, qu'il avait été péniblement affecté par *Le Deuxième Sexe* parce qu'on y déchiffrait en filigrane « ma triste vie » ; Armand Hoog se surpassa : « Humiliée d'être femme, douloureusement consciente d'être enfermée par les regards des hommes dans sa condition, elle refuse à la fois ce regard et cette condition. »

Ce thème de l'humiliation a été repris par un nombre considérable de commentateurs si naïvement imbus de leur supériorité virile qu'ils ne pouvaient imaginer qu'elle ne m'ait jamais pesé. L'homme que je plaçais au-dessus de tous les autres ne me jugeait pas inférieure à eux. J'avais beaucoup d'amis masculins dont le regard, loin de m'enfermer dans des limites, me reconnaissait comme être humain à part entière ; ces chances m'avaient défendue, contre tout dépit et toute rancœur : on a vu que ni mon enfance ni ma jeunesse ne m'en avaient non plus infectée[1]. Des lecteurs plus subtils ont considéré que j'étais misogyne et que, prétendant prendre le parti des femmes, je les exécutais ; c'est faux : je ne les exalte pas et j'ai décrit les défauts qu'engendre leur condition, mais j'ai montré aussi leurs qualités et leurs mérites. J'ai donné à trop de femmes trop d'affection et d'estime pour les trahir en me considérant comme

1. Je suis bien loin de mépriser le dépit, la rancœur, ni aucun de ces sentiments négatifs : souvent les circonstances les justifient et on peut considérer qu'il manque à mon expérience de les avoir connus. Si je les répudie ici, c'est que je souhaite que *Le Deuxième Sexe* soit compris tel que je l'ai écrit.

un « mâle d'honneur » ; je n'ai jamais été blessée non plus par leurs regards. En fait je n'ai été en butte aux sarcasmes qu'après *Le Deuxième Sexe* ; avant on me témoignait de l'indifférence ou de la bienveillance. Ensuite, c'est souvent en tant que femme qu'on m'a attaquée parce qu'on pensait m'atteindre en un point vulnérable : mais je savais fort bien que cette hargne visait en vérité mes positions morales et sociales. Non ; loin de souffrir de ma féminité, j'ai plutôt cumulé, à partir de vingt ans, les avantages des deux sexes [...]

La droite ne pouvait que détester mon livre, que d'ailleurs Rome mit à l'index. J'espérais qu'il serait bien accueilli à l'extrême gauche. Nous étions au plus mal avec les communistes ; tout de même, mon essai devait tant au marxisme et lui faisait la part si belle que je m'attendais de leur part à quelque impartialité ! Marie-Louise Barron, dans *Les Lettres françaises* se borna à déclarer que *Le Deuxième Sexe* ferait bien rigoler les ouvrières de Billancourt : c'est estimer bien peu les ouvrières de Billancourt, répondait Colette Audry dans une « revue des critiques » qu'elle publia dans *Combat. Action* me consacra un article anonyme et inintelligible, agrémenté d'une photo qui représentait les étreintes d'une femme et d'un singe. [...]

Mes adversaires créèrent et entretinrent autour du *Deuxième Sexe* de nombreux malentendus. On m'attaqua surtout sur le chapitre de la maternité. Beaucoup d'hommes ont déclaré que je n'avais pas le droit de parler des femmes parce que je n'avais pas enfanté : et eux[1] ? Ils ne m'en opposaient pas moins des idées bien arrêtées. J'aurais refusé toute valeur au sentiment maternel et à l'amour : non. J'ai demandé que la femme les vécût en

1. Ils ont interrogé des mères : mais moi aussi.

vérité et librement, alors que souvent ils lui servent d'alibi et qu'elle s'y aliène, au point que l'aliénation demeure, le cœur s'étant tari. J'aurais prêché la licence sexuelle ; mais je n'ai jamais conseillé à personne de coucher avec n'importe qui, n'importe quand ; ce que je pense c'est que, dans ce domaine, les choix, les consentements, les refus ne doivent pas obéir à des institutions, des conventions, des intérêts ; si les raisons ne sont pas du même ordre que l'acte qu'elles motivent, on aboutit à des mensonges, à des distorsions, à des mutilations.

J'avais consacré un chapitre au problème de l'avortement ; Sartre en avait parlé dans *L'Âge de raison*, moi dans *Le Sang des autres* ; des gens se précipitèrent au bureau des *Temps modernes* en demandant des adresses à Mme Sorbets, la secrétaire. [...]

Le Deuxième Sexe eut des défenseurs : Francis Jeanson, Nadeau, Mounier. Il suscita des débats publics et des conférences, il me valut un considérable courrier. Mal lu, mal compris, il agitait les esprits. Tout compte fait c'est peut-être de tous mes livres celui qui m'a apporté les plus solides satisfactions. Si on me demande comment je le juge aujourd'hui, je n'hésite pas à répondre : je suis pour. [...]

Si mon livre a aidé les femmes, c'est qu'il les exprimait, et réciproquement elles lui ont conféré sa vérité. Grâce à elles, il ne scandalise plus. Les mythes masculins se sont écaillés pendant ces dix dernières années. Et bien des femmes-écrivaines m'ont dépassée en hardiesse. Trop d'entre elles, à mon goût, ont pour unique thème la sexualité ; du moins se posent-elles, pour en parler, comme regard, sujet, conscience, liberté.

On m'aurait surprise et même irritée, à trente ans, si on m'avait dit que je m'occuperais des problèmes féminins et que mon public le plus sérieux, ce serait des femmes. Je ne le regrette pas. Divisées, déchirées, désavantagées, pour elles plus que pour les hommes il existe des enjeux, des victoires, des défaites. Elles m'intéressent ; et j'aime mieux, à travers elles, avoir sur le monde une prise limitée, mais solide, que de flotter dans l'universel.

Simone de Beauvoir, *La Force des choses I*, 1963.

Trente ans après*

Si j'ai pris part à des manifestations, si je me suis engagée dans une action proprement féministe, c'est que mon attitude touchant la condition de la femme a évolué. Théoriquement je demeure sur les mêmes positions. Mais sur le plan pratique et tactique ma position s'est modifiée.

Théoriquement, j'ai dit déjà[1] que si j'écrivais aujourd'hui *Le Deuxième Sexe* je donnerais des bases matérialistes et non idéalistes à l'opposition du Même et de l'Autre. Je fonderais le rejet et l'oppression de l'autre non sur l'antagonisme des consciences, mais sur la base économique de la rareté. J'ai dit aussi que le développement du livre n'en serait pas modifié : toutes les idéologies masculines visent à justifier l'oppression de la femme ; elle est conditionnée par la société de manière à y consentir.

« On ne naît pas femme, on le devient » : je reprends à mon compte cette formule qui exprime une des idées directrices du *Deuxième Sexe*. Certes, il existe entre la femelle humaine et le mâle des différences génétiques, endocriniennes, anatomiques : elles ne suffisent pas à définir la féminité ; celle-ci est une construction culturelle et non une donnée naturelle […]. Cette conviction est

1. Dans *La Force des choses.*

au contraire fortifiée par les études [...] de plus en plus poussées qui ont été consacrées à l'enfance pendant ces dernières années ; toutes prouvent que ma thèse est exacte et demanderait seulement à être complétée : « On ne naît pas mâle, on le devient. » La virilité non plus n'est pas donnée au départ. [...]

Freud ne connaissait la femme qu'à travers des cas cliniques ; ses patientes souffraient d'inhibitions sexuelles et elles étaient mécontentes de leur condition. Il a voulu expliquer ce second fait par le premier. Mais c'est la société qui révèle à la femme une infériorité qu'elle lui impose. D'ailleurs, Freud a avoué lui-même à la fin de sa vie qu'il n'avait jamais rien compris aux femmes. Il tenait de son époque et de son milieu un préjugé « maschiste » qui lui faisait considérer la femme comme un homme incomplet. Cette idée, que beaucoup de psychanalystes récusent aujourd'hui, a été largement exploitée par les post-freudiens : à une femme qui ne se tenait pas à « sa place » ils imputaient aussitôt un « complexe de masculinité ».

Car en France comme en Amérique, il y a eu depuis *Le Deuxième Sexe* une abondante littérature qui s'est appliquée à convaincre la femme de sa « vocation spécifique ». Elle prétendait « démystifier le féminisme », ce qui revenait en fait à mystifier les femmes. On a déclaré qu'il était démodé, dépassé : argument massue à une époque soumise au terrorisme de la modernité. Les femmes elles-mêmes le récusent, dit-on ; celles qui travaillent ne trouvent dans leur métier que déceptions ; elles préfèrent rester au foyer. Quand deux castes s'opposent, il se trouve toujours dans la plus défavorisée des individus qui par intérêt personnel s'allient avec les privilégiés[1]. Et

1. « La femme se valorise à ses yeux et à ceux de l'homme en adoptant le point de vue de l'homme. », G. Texcier, « Les enquêtes sociologiques et les femmes », *Les Temps modernes*, 1-12-65.

puis il faut se méfier des enquêtes sociologiques généralement menées dans un esprit conservateur[1] : c'est bien souvent la manière de poser la question qui dicte la réponse. D'autre part il est vrai que dans les conditions actuelles le travail qu'elles cumulent avec les tâches ménagères n'apporte pas aux femmes les mêmes gratifications qu'aux hommes : c'est la société qui les leur refuse et elle met tout en œuvre pour leur donner mauvaise conscience. Enfin la femme au foyer est généralement bien loin d'éprouver la satisfaction qu'elle affiche ; mécontente de son sort, elle ne veut pas que celui de ses filles soit plus clément et elle réclame d'autant plus âprement le maintien de son statut qu'elle en souffre davantage. Quant aux hommes, ils tiennent obstinément à maintenir l'affirmation de leur supériorité. [...]

Le fait est qu'en France, dans ces dix dernières années, la condition de la femme n'a guère changé. On lui a concédé un aménagement du régime matrimonial. La contraception a été autorisée : mais j'ai dit déjà qu'à peine 7 % des Françaises en âge de procréer utilisent les méthodes contraceptives. L'avortement demeure rigoureusement interdit. Les corvées ménagères retombent exclusivement sur les femmes. Leurs revendications en tant que travailleuses sont étouffées.

Aux U.S.A. des femmes ont pris conscience de cette oppression et se sont révoltées. Betty Friedan a fait paraître en 1963 un excellent livre *The Feminine Mystique* qui a eu un immense retentissement. Elle y décrivait un malaise qui n'ose pas dire son nom : le malaise de la ménagère. Elle montrait par quels procédés le capitalisme manipule les femmes afin de les enfermer dans le rôle de consommatrices : c'est l'intérêt de l'industrie et

1. *Idem.*

du commerce d'accroître les chiffres de vente. Elle dénonçait l'utilisation du freudisme et de la psychanalyse post-freudienne afin de convaincre la femme qu'un destin singulier lui est imposé : tenir sa maison et faire des enfants. [...]

J'ai lu la littérature féministe américaine, j'ai correspondu avec des militantes, j'en ai rencontré quelques-unes et j'ai été heureuse d'apprendre que le nouveau féminisme américain se réclame du *Deuxième Sexe* : en 69, le tirage, en édition de poche, atteignait sept cent cinquante mille exemplaires. Que la femme soit fabriquée par la civilisation et non biologiquement déterminée, c'est un point qu'aucune féministe ne met en doute. Là où elles s'éloignent de mon livre, c'est sur le plan pratique : elles refusent de faire confiance à l'avenir, elles veulent prendre dès aujourd'hui leur sort en main. C'est sur ce point que j'ai changé : je leur donne raison.

Le Deuxième Sexe peut être utile à des militantes : mais ce n'est pas un livre militant. Je pensais que la condition féminine évoluerait en même temps que la société. J'écrivais : « En gros, nous avons gagné la partie. Beaucoup de problèmes nous paraissent plus essentiels que ceux qui nous concernent singulièrement. » Et dans *La Force des choses* j'ai dit, en parlant de la condition féminine : « Elle dépend de l'avenir du travail dans le monde, elle ne changera sérieusement qu'au prix d'un bouleversement de la production. C'est pourquoi j'ai évité de m'enfermer dans le féminisme. » Un peu plus tard, dans un entretien avec Jeanson[1], j'ai dit que c'était en tirant le plus radicalement ma pensée vers le féminisme qu'on l'interprétait le plus justement. Mais je demeurais sur un plan théorique : je niais radicalement

1. Francis Jeanson, *Simone de Beauvoir ou l'entreprise de vivre.*

l'existence d'une nature féminine. Maintenant, j'entends par féminisme le fait de se battre pour des revendications proprement féminines, parallèlement à la lutte des classes et je me déclare féministe. Non, nous n'avons pas gagné la partie : en fait depuis 1950 nous n'avons quasi rien gagné. La révolution sociale ne suffira pas à résoudre nos problèmes. Ces problèmes concernent un peu plus de la moitié de l'humanité : je les tiens à présent pour essentiels. Et je m'étonne que l'exploitation de la femme soit si facilement acceptée. Considérant les démocraties anciennes, profondément attachées à un idéal égalitaire, on conçoit mal que le statut des esclaves leur ait paru naturel : la contradiction aurait dû, semble-t-il, leur sauter aux yeux. Un jour peut-être la postérité se demandera avec la même stupeur comment des démocraties bourgeoises ou populaires ont maintenu sans scrupule une radicale inégalité entre les deux sexes. Par moments, bien que j'en voie clairement les raisons, j'en suis moi-même ébahie. Bref, je pensais autrefois que la lutte des classes devait passer avant la lutte des sexes. J'estime maintenant qu'il faut mener les deux ensemble.

Simone de Beauvoir, *Tout compte fait*, 1972.

SOURCES DES TEXTES

Christine DE PIZAN, extrait de *La Cité des dames*, dans *Morceaux choisis des auteurs français, XVIe-XIXe siècles*, publiés conformément aux programmes officiels de l'enseignement secondaire des jeunes filles par Albert Cahen, Paris, Hachette, 1906.

Marie DE GOURNAY, *Égalité des hommes et des femmes* [1622] et *Grief des dames* [1626], dans *Fragments d'un discours féminin*, éd. par Elyane Dezon-Jones, José Corti, 1988, pp. 111-133.

POULAIN DE LA BARRE, *De l'égalité des deux sexes. Discours physique et moral où l'on voit l'importance de se défaire des préjugés* [1673], Paris, Fayard, « Corpus des œuvres de philosophie en langue française », 1984.

CONDORCET, « Sur l'admission des femmes au droit de cité », article paru le 3 juillet 1790 dans le *Journal de la Société de 1789*. Repris dans *Œuvres de Condorcet*, t. X, Paris, Firmin Didot frères, 1847, pp.121-130.

Olympe DE GOUGES, *Les Droits de la femme*, 1791. Bibliothèque nationale de France : Lb39-9989.

Charles FOURIER, *Traité des quatre mouvements et des destinées générales* [1808], Paris, Pauvert, 1967.

Jeanne DEROIN, « Profession de foi de Melle Jenny de Roin », dans Michèle Riot-Sarcey éd., *De la liberté des femmes. Lettres de dames au Globe (1831-1832)*, Paris, Côté-femmes, 1992, pp. 116-139.

Flora TRISTAN, *Promenades dans Londres* [1840], repris dans *Promenades dans Londres ou l'Aristocratie et les prolétaires anglais*, Paris, Maspero, 1978.

André LÉO, *La Femme et les mœurs*, 1869, chap. IV : « La maternité ». Repris dans *La Femme et les mœurs. Monarchie ou Liberté*, Tusson, Éditions du Lérot, 1990.

Maria DERAISMES, discours prononcé au congrès du Droit des femmes, juin 1889. Repris dans *Ce que veulent les femmes. Articles et conférences de 1869 à 1891*, Paris, Syros, 1980.

Hubertine AUCLERT, article paru dans *La Citoyenne*, 31 juillet 1881 ; article paru dans *La Citoyenne* le 13 février 1887 ; « L'Académie et la langue », article paru dans *Le Radical*, 18 avril 1898. Repris dans *La Citoyenne, 1848-1914*, Paris, Syros, 1982, pp. 15-17 ; 73-77 et 87-91.

Madeleine PELLETIER, *L'Éducation féministe des filles* [1914], chapitre II : « La formation du corps et du caractère », Paris, Syros, 1978, pp. 69-85.

Nelly ROUSSEL, Discours de protestation contre les procès intentés aux néo-malthusiens [1905] et « Haïr », *La Libre Pensée internationale* du 1er janvier 1919, dans *Paroles de combat et d'espoir*, Épône, Éditions de l'Avenir Social, 1919.

Hélène BRION, *La Voie féministe* [1916], Paris, Syros, 1978.

Simone DE BEAUVOIR, *La Force des choses*, t. I [1963], Paris, Gallimard, « Folio », 2008, pp. 257-269.

Simone DE BEAUVOIR, *Tout compte fait* [1972], Paris, Gallimard, « Folio », 1995, pp. 613-625.

CHOIX BIBLIOGRAPHIQUE

I. Généralités

ALBISTUR Maïté et ARMOGATHE Daniel, *Histoire du féminisme français*, Paris, Des femmes, 1977, 2 vol.

ANGENOT Marc, *Les Champions des femmes*, Québec, Presses de l'Université du Québec, 1977.

BARD Christine, *Les Filles de Marianne. Histoire des féminismes*, 1914-1940, Paris, Fayard, 1995.

BARD Christine, METZ Annie et NEVEU Valérie (dir.), *Guide de l'histoire du féminisme de la Révolution française à nos jours*, Rennes, PUR, 2006.

BEAUVALET-BOUTOUYRIE Scarlett, *Les Femmes à l'époque moderne (XVIe-XVIIIe siècles)*, Paris, Belin, 2003.

CHAPERON Sylvie, *Les Années Beauvoir, 1945-1970*, Paris, Fayard, 2000.

Dictionnaire des femmes de l'Ancienne France, Société internationale pour l'étude des femmes de l'Ancien Régime (SIEFAR) : www.siefar.com

DIDIER-METZ Annie, *La Bibliothèque Marguerite Durand. Histoire d'une femme, mémoire des femmes*, Paris, Agence culturelle de Paris, 1992.

DUBY Georges et PERROT Michelle (dir.), *Histoire des femmes en Occident*, Paris, Perrin, « Tempus », 2001 (1ère éd. 1991).

FAURÉ, Christine (dir.), *Encyclopédie politique et historique des femmes*, Paris, PUF, 1997.

FRAISSE, Geneviève, *Muse de la raison. Démocratie et exclusion des femmes en France*, Paris, Gallimard, « Folio Histoire », 1995 (1ère éd. 1989).

FRANCEQUIN Ginette, *Le Vêtement de travail, une deuxième peau*, Ramonville, Érès, 2008.

KENNEDY Duncan, *Sexy dressing. Violences sexuelles et érotisation de la domination*, Paris, Flammarion, « Champs », 2008.

KLEJMAN Laurence et ROCHEFORT Florence, *L'Égalité en marche. Le féminisme sous la Troisième République*, Paris, Des femmes, 1989.

LALOUETTE Jacqueline, RIOT-SARCEY Michèle et CORBIN Alain (dir.), *Femmes dans la cité, 1815-1871*, Grâne, Créaphis, 1997.

MICHEL Andrée, *Le Féminisme*, Paris, PUF « Que sais-je ? », 1979.

MOSSUZ-LAVAU Janine, *Guerre des sexes : stop !*, Paris, Flammarion, 2009.

PELLEGRIN Nicole éd., *Histoires d'historiennes*, Saint-Étienne, PUSE, 2006.

PERROT Michelle, *Les Femmes ou les Silences de l'histoire*, Paris, Flammarion, 1996.

PLANTÉ Christine, *La Petite Sœur de Balzac. Essai sur la femme auteur*, Paris, Seuil, 1989.

RIOT-SARCEY Michèle, *Histoire du féminisme*, Paris, La Découverte, 2008.

RIOT-SARCEY Michèle (dir.), *Dictionnaire des utopies*, Larousse, 2006.

SARTORI Eva Martin (dir.), *The Feminist Encyclopedia of French Literature*, Westport (Conn.), Greenwood Press, 1999.

SCOTT Joan W., *La Citoyenne paradoxale. Les féministes françaises et les droits de l'homme*, Paris, Albin Michel, 1998 (1ère éd. 1996).

SCOTT Joan W., *Théorie critique de l'histoire. Identités, expériences, politiques*, Paris, Fayard, 2009.

SNYDER Patrick, *La Femme selon Jean-Paul II*, Montréal, Fides, 1998.

SOWERWINE Charles, *Les Femmes et le socialisme*, Paris, Presses de la Fondation nationale des sciences politiques, 1978.

THIBERT Marguerite, *Le Féminisme dans le socialisme français de 1830 à 1850*, Paris, Rivière, 1926.

VARIKAS Eleni, *Penser le sexe et le genre*, Paris, PUF, 2006.
VIENNOT Éliane (dir.), *La Démocratie « à la française » ou les femmes indésirables*, Paris, Publications de l'université Paris 7, 1996.

SITES INTERNET :
Site de Marie-Victoire Louis : http://www.marievictoirelouis.net/
Musea : http://musea.univ-angers.fr/
Société internationale pour l'étude des femmes de l'Ancien Régime (SIEFAR) : www.siefar.org

II. ÉTUDES PARTICULIÈRES

1. Christine de Pizan

—, *La Cité des dames*, texte traduit et présenté par Thérèse Moreau et Éric Hicks, Paris, Stock, 1986.
GREENE Virginie (traduction), *Le Débat sur le* Roman de la Rose, Paris, Champion, 2006.

2. Marie de Gournay

—, *Fragments d'un discours féminin*, éd. par Elyane Dezon-Jones, Paris, Corti, 1988.
—, *Œuvres complètes*, éd. par Jean-Claude Arnould et autres, Paris, Champion, 2002, 2 vol.
FOGEL Michèle, *Marie de Gournay. Itinéraires d'une femme savante*, Paris, Fayard, 2004.
KRIER Isabelle, « Souvenirs sceptiques de Marie de Gournay dans l'*Égalité des hommes et des femmes* », *Clio*, 29-2009, pp. 243-257.
MATHIEU-CASTELLANI Gisèle, « La quenouille ou la lyre : Marie de Gournay et la cause des femmes », dans *Montaigne et Marie de Gournay*, Paris, Champion, 1997, pp. 195-216.

3. François Poulain de La Barre

—, *De l'égalité des deux sexes*, Paris, Fayard, « Corpus des œuvres de philosophie en langue française », 1984.

—, *De l'éducation des dames pour la conduite de l'esprit dans les sciences et dans les mœurs. Entretiens* (1674), éd. par Bernard Magné, Toulouse, Université de Toulouse Le Mirail, s.d.

—, *Œuvres*, éditées par Marie-Frédérique Pellegrin, Paris, Vrin, 2010.

ALCOVER Madeleine, *Poulain de La Barre, une aventure philosophique*, Paris-Tübingen-Seattle, W. Leiner, 1981.

STUURMAN Siep, *François Poulain de La Barre and the Invention of Modern Equality*, Cambridge (Mass.), Harvard University Press, 2004.

4. *Condorcet*

—, *Œuvres*, publiées par A. Condorcet O'Connor et M. F. Arago, Paris, Firmin Didot, 1847, 12 vol.

BADINTER Élisabeth et Robert, *Condorcet : un intellectuel en politique*, Paris, Fayard, 1988.

CHOUILLET Anne-Marie, et CRÉPEL Pierre, *Condorcet : homme des Lumières et de la Révolution*, Fontenay-aux-Roses, ENS éditions, 1997.

5. *Olympe de Gouges*

—, *Déclaration de la femme et de la citoyenne*, suivi de *Préface pour les Dames ou Le Portrait des femmes*. Postface de Emanuèle Gulier, Paris, Mille-et-une-nuits, 2003.

—, *Œuvres*, présentées par Benoîte Groult, Paris, Mercure de France, 1986 (extraits). Des rééditions variées de la *Déclaration*, aux éditions Cocagne, Côté-femmes et Mille-et-une-nuits.

—, *Écrits politiques*, présentés par Olivier Blanc, Paris, Côté-femmes, 1993.

BLANC Olivier, *Marie-Olympe de Gouges, une humaniste à la fin du XVIIIe siècle*, Paris, Syros, 1981 ; rééd. enrichie, Paris, René Vienet, 2003.

GODINEAU Dominique, *Citoyennes tricoteuses. Les femmes du peuple à Paris pendant la Révolution*, Aix-en-Provence, Alinéa, 1989.

SCOTT Joan, « À quoi peut servir l'imagination : Olympe de Gouges et la Révolution française », dans *La Citoyenne paradoxale [...]*, Paris, Albin Michel, 1998 (1996), pp. 39-85.

6. Charles Fourier

—, *Théorie des quatre mouvements et des destinées générales,* (...). Nouvelle édition par Simone Debout, Paris, Pauvert, 1967.

—, *Œuvres complètes,* (...). Paris, Anthropos, 1967-1968, 12 vol.

BOZON Michel, « Fourier, le *Nouveau Monde Amoureux* et mai 1968. Politique des passions, égalité des sexes et science sociale », *Clio,* n° 22-2005 : « Utopies sexuelles », pp. 123-149.

LEHOUCK Émile, *Vie de Charles Fourier. L'homme dans sa vérité*, Paris, Denoël/Gonthier, « Médiations », 1978.

THOMPSON E. P., « The Sale of Wives », in *Customs in common*, Londres, Penguin Books, 1991, pp. 404-466.

7. Jeanne Deroin

—, « Profession de foi de Melle Jenny de Roin », in Michèle Riot-Sarcey éd., *De la liberté des femmes. Lettres de dames au Globe (1831-1832)*, Paris, Côté-femmes, 1992, pp. 116-139.

FRAISSE Geneviève, « Les Femmes libres de 1848. Moralisme et féminisme », *Les Révoltes logiques*, I/1975, rééd. in *Les Femmes et leur histoire*, Paris, Gallimard, « Folio », 1998, pp. 333-380.

RIOT-SARCEY, Michèle, *La Démocratie à l'épreuve des femmes. Trois figures critiques du pouvoir, 1830-1848*, Paris, Albin Michel, 1994.

—, *De la liberté des femmes. Lettres de dames au Globes (1831-1832)*, Paris, Côté-femmes, 1992.

SCOTT Joan, « Les devoirs de la citoyenne : Jeanne Deroin et la révolution de 1848 », in *La Citoyenne paradoxale* [...], Paris, Albin Michel, 1998 (1996), pp. 87-126.

THOMAS Édith, *Les Femmes de 1848*, Paris, PUF, 1948.

8. Flora Tristan

—, *Pérégrinations d'une paria*, Paris, Maspero, 1979.

—, *Promenades dans Londres ou l'Aristocratie et le prolétaires anglais*, éd. par François Bédarida, Paris, Maspero, 1978 ; rééd. partielle par Martine Reid, Paris, Gallimard/Folio, « Femmes de lettres », 2008.

—, *Le Tour de France (1843-1844). État actuel de la classe ouvrière sous l'aspect moral, intellectuel, matériel*, éd. de Michel Collinet et Jules Puech, Paris, Indigo & Côté-femmes, 2001.

—, *L'Union ouvrière*, éd. Daniel Armogathe et Jacques Grandjean, Paris, Des Femmes, 1986.

DESANTI Dominique, *Flora Tristan. La femme révoltée*, Paris, Hachette, 2000 (1972).

MICHAUD Stéphane (dir.), *Un fabuleux destin, Flora Tristan*, Dijon, Éditions universitaires de Dijon, 1985.

9. André Léo

—, *La Femme et les mœurs. Monarchie ou Liberté*, introduction et notes de Monique Biarnais, Tusson, Éditions du Lérot, 1990.

—, *Un Mariage scandaleux*, Chauvigny, APC, « Cahiers du pays chauvinois » n° 25/2000.

DALOTEL Alain, *André Léo (1824-1900). La Junon de la Commune*, Chauvigny, APC, « Cahiers du pays chauvinois » n° 29/2004.

GASTALDELLO Fernanda, *André Léo (1824-1900), femme écrivain au* XIX*e* *siècle*, APC, Chauvigny, « Cahiers du pays chauvinois » n° 26/2001.

10. Maria Deraismes

—, *Ce que veulent les femmes. Articles et conférences de 1869 à 1891*. Préface, notes et commentaires d'Odile Krakovitch, Paris, Syros, 1980.

—, *Ève dans l'humanité* [1891], Paris, Côté-femmes, 1990.

CORBIN Alain, *Les Filles de noce. Misère sexuelle et prostitution (*XIX*e* *siècle)*, Paris, Flammarion, « Champs », 1982 (1ère éd. 1978).

11. Hubertine Auclert

AUCLERT Hubertine, *La Citoyenne, 1848-1914*, éd. et présenté par Édith Taïeb, Paris, Syros, 1982.

HAUSE Steven C., *Hubertine Auclert. The French Suffragette*, New Haven, Yale University Press, 1987.

SCOTT Joan, « Le social et ses droits : Hubertine Auclert et la politique de la Troisième République », in *La Citoyenne paradoxale* […], Paris, Albin Michel, 1998 (1996), pp. 127-170.

Hubertine Auclert, pionnière du féminisme. Textes choisis et présentés par Steven C. Hause. Préface de Geneviève Fraisse, Saint-Pourçain-sur-Allier, Bleu autour, 2007.

12. Madeleine Pelletier

—, *L'Éducation féministe des filles*. Suivi de *Le Droit à l'avortement, La Femme en lutte pour ses droits : la tactique féministe, Le Droit au travail pour la femme.* Préface et notes de Claude Maignien, Paris, Syros, 1978.

—, *La Femme vierge*, Paris, Côté-femmes, 1996.

BARD Christine éd., *Madeleine Pelletier (1874-1939). Logiques et infortunes d'un combat pour l'égalité*, Paris, Côté-femmes, 1992.

MAIGNIEN Claude et SOWERWINE Charles, *Madeleine Pelletier (1874-1939). Une féministe dans l'arène politique*, Paris, Éditions ouvrières, 1992.

SCOTT Joan, « L'individualisme radical de Madeleine Pelletier », in *La Citoyenne paradoxale* […], Paris, Albin Michel, 1998 (1996), pp. 171-216.

13. Nelly Roussel

—, *L'Éternelle sacrifiée (1906)*. Préface, notes et commentaires par Daniel Armogathe et Maïté Albistur, Paris, Syros, 1978.

—, *Paroles de combat et d'espoir*. Préface de Madeleine Vernet, Épône, Éditions de l'Avenir Social, 1919.

ACCAMPO Elinor A., « Private Life, Public Image : Motherhood and Militancy in the Self-Construction of Nelly

Roussel, 1900-1922 », dans Jo Burr Margadant ed., *The New Biography. Performing Feminity in Nineteenth-Century France*, Berkeley, University of Clalifornia Press, 2000, pp. 218-262.

14. Hélène Brion

—, *La Voie féministe*, éd. et présenté par Huguette Bouchardeau, Paris, Syros, 1978.

—, « *Encyclopédie féministe* », manuscrit ; Paris, Bibliothèque Marguerite Durand.

CHAIGNAUD François, *L'Affaire Berger-Levrault : le féminisme à l'épreuve (1897-1905)*, Rennes, PUR, 2009.

VERNET Madeleine, *Hélène Brion, une belle conscience et une sombre affaire*, Épône, Éditions de l'Avenir social, 1917.

15. Simone de Beauvoir

—, *Le Deuxième Sexe*, Paris, Gallimard, 1949 ; rééd. Gallimard, « Folio essais », 1986.

—, *La Force des choses*, Paris, Gallimard, 1963 ; rééd. Gallimard, « Folio », 1972.

—, *Tout compte fait*, Paris, Gallimard, 1972 ; rééd. Gallimard, « Folio », 1978.

CHAPERON Sylvie, et DELPHY Christine éd., *Le Cinquantenaire du* Deuxième Sexe, Paris, Syllepse, 2000.

GALSTER Ingrid, *Beauvoir dans tous ses états*, Paris, Tallandier, 2007.

PATTERSON Yolanda Astarita, *Simone de Beauvoir and the Demystification of Motherhood*, Ann Arbor, UMI Research Press, 1989.

SALLENAVE Danièle, *Castor de guerre*, Paris, Gallimard, « Folio », 2008.

INDEX

Sont répertoriés ci-dessous les noms des personnages mentionnés dans les textes de l'anthologie. Les patronymes ont été modernisés et francisés ; quand ils pouvaient ne pas être reconnus, leur orthographe ancienne est indiquée et renvoie à l'appellation courante. La définition, très schématique, des activités des personnages mentionnés est empruntée au Dictionnaire historique portatif des femmes célèbres *(Paris, L. Cellot, 1769), au* Dictionnaire universel des noms propres *de Paul Robert (Paris, SEPRET, 1975), et au* Feminist Encyclopedia of French Literature, *sous la dir. d'Eva Sartori (Westport, Greenwood Press, 1999), ouvrages auxquels je renvoie pour des renseignements plus précis. Sont tout aussi indispensables les travaux de Christine Bard, Laurence Klejman, Florence Rochefort et Françoise Thébaud.*

TABLE

N° d'édition : L.01EHQN000414.B002
Dépôt légal : février 2010
Imprimé en Espagne par Novoprint (Barcelone)